पूनम की रात

AF756742

डॉ. प्रेम शंकर द्विवेदी 'भास्कर'

KAVYA
PUBLICATIONS

Publisher:

SDR INNOWAYS INDIA PVT. LTD.
667, Rajaward, Kulpahar, Mahoba - 210426

Imprint:
KAVYA PUBLICATIONS
Plot No.107C, Hanuman Khand, Gulabvatika, Behta Hazipur, Loni-UP (Near Dilshad Garden Delhi) NCR - 201102

Mob. : 7905266820
Website : www.kavyapublications.com
E-Mail : info@kavyapublications.com

ISBN : 978-93-6431-881-5
Price : 299/-
Year : 2026

This book is printed at MTL and published by author Ajay Agrawal, CEO of SDR Innoways India Pvt. Ltd. Kulpahar Mahoba with its imprint and centre, Kavya Publications Delhi.

-: समर्पित:-

परम प्रिय पुत्र अनुराग

और

बेटी अपर्णा को।

- डॉ. भास्कर

About the Author

Ivy
Hospital

Dr. H.K. Bali
Chairman - Cardiac Sciences &
Dean Academics & Research
Ivy Hospitals
MBBS, MD, DM Cardiology
Mobile : 8146554347

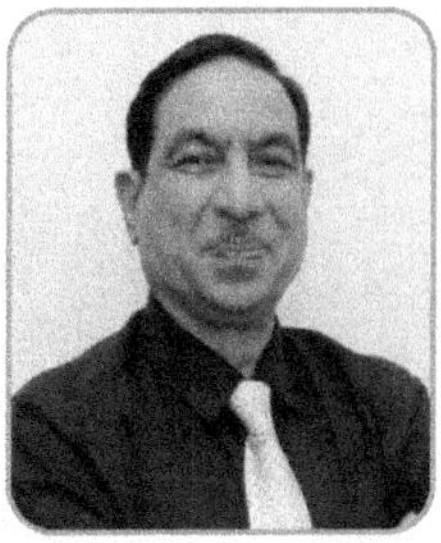

Congratulations for another outstanding book which is huge contribution to Hindi literature
Dr Prem Shankar Dwivedi "Bhaskar" is a legend of Hindi literature and his short stories and novels critically bring out important social issues in our country
His clarity and lucid style of narration is spell binding.I for one have always looked forward to reading his books and through them getting an insight into the social maladies especially those involving underprivileged and marginalised segments of the society.
I wish Dr Bhaskar great success with this compilation of stories
I have no doubt,these compilation will not be very popular amongst the audience but also get critical acclaim from the literary circles.

Dr. H.k. Bali

अनुक्रम

पूनम की रात

पूनम की रात्रि में स्निग्ध चन्द्रिका की रश्मियाँ तरुओं के पर्णों से छनकर अवनि के अंक में उतरने लगी थी। शीत का मौसम प्रारंभ हो चुका था। गुलाबी ठण्ड से वातावरण आह्लादित था। लान में बैठा सृजन चाँद पर नेत्र गड़ाये था। वह, पूनम की रात को जब तक चाँद न देख लेता तब तक हृदय में अजीब हलचल बनी रहती। चाँद को जैसे ही देखता, उसके मानस तल पर स्मृतियों का चाँद घुमड़ने लगता। तत्क्षण आत्मा समझाने लगती तेरे मन का चाँद तो शादी – शुदा है और तुम भी, फिर उसे याद करना पाप है – पाप।

आत्मा को समझाते हुए हृदय कहता – "जो मन और हृदय में बस जाता है वह आसानी से नहीं निकलता। तभी तो रंगीन मौसम हो या पूनम की रात, उस चाँद की यादें अन्तर्मन पर कुहासे सी बरसने लगती, और स्मृतियों के वातायन से आने वाली आँधी तब थमती, जब सृजन अपने पर्स से बीस रूपये का नोट निकाल, स्वयं चाँद के द्वारा लिखे 'चाँद – सृजन', 'चाँद सृजन' को देख न लेता। उस नोट में उसे चाँद की भोली सूरत दिख पड़ती क्षण भर आनंदानुभूति से मन – मयूर नाचने लगता।"

प्रायः ही देखा जाता है, किशोर – किशोरियों का बीस से पच्चीस वर्ष का समय कल्पना – प्रवण और वैचारिक बहाव का होता है। यही समय उनके बनने और बिगड़ने का है। उस समय उनमें असीमित ऊर्जा संचित रहती है। उस ऊर्जा को यदि ईमानदारी से पठन – पाठन के क्षेत्र में व्यय करें तो बहुत उन्नति कर सकते हैं प्रायः किशोर – किशोरी सार्थक कार्य करने की जगह भावना में अधिक बहते हैं। किसी सहज – असहज को करने हेतु फल या

परिणाम पर तनिक भी विचार नहीं करते, प्रायः ही सुनने को मिलता है अमुक लड़की को लेकर उनका लड़का भाग गया।

'किशोर और किशोरी के शारीरिक विकास और सौष्ठव का यह समय अजीब सिहरन और उमंग भरा होता है तभी तो एक – दूसरे को देखते ही 'सृजन और चाँद' प्रेम के अटूट बंधन में बंधने हेतु न जाति पूछा न धर्म, प्रकृति ने जैसे दोनों को एक – दूसरे के लिए भेजा है। कॉलेज में वालीबाल की प्रतियोगिता में जब चाँद ने सृजन के अद्वितीय प्रदर्शन को देखा तो देखती रह गयी। उसके मन पर आदर्श खिलाड़ी का बिम्ब बन गया। माह भर बाद की घटना है। कॉलेज आते समय सृजन मोटर साईकिल से गिर गया, उसके पैर से रक्त बह रहा था। उसी मार्ग से आती चाँद ने उसे देखा तो रुक गयी। उसने पहले अपने दुपट्टे से घाव को बंद कर रक्त रोका, फिर साइकिल पर बैठाकर डॉक्टर के यहाँ ले गयी। यहीं से उनमें प्रेम का अंकुरण फूटा।

दोनों प्रेम की नाव पर सवार ही हुए थे कि ज्ञात हुआ चाँद का मजहब मुस्लिम और मेरा हिन्दू। चाँद ने ही मुझे बताया। उसे समझाते सृजन बोला – 'दोनों के मध्य मजहब आड़े नहीं आयेगा।'

चाँद – "ब्राह्मण हो, क्या तुम्हारे माँ – बाप मुस्लिम कन्या स्वीकार कर लेंगे ?"

सृजन –'चाँद ! नहीं करेंगे तो दोनों मजहबी व्यवस्था को ध्वस्त कर वहाँ भाग चलेंगे जहाँ कोई हमारी जाति पूछेगा तो मानव बताएँगे।'

पहले तो दोनों कॉलेज के खाली घंटों में मिलते और खूब बातें करते। लेकिन जैसे – जैसे उनमें प्रगाढ़ता बढ़ी तो दोनों चाँद के घर के बगल की एक बाग़ में पूनम की रात मिलने लगे। सृजन मित्रों से मिलने के बहाने बाहर जाता और जैसे आकाश में पूनम का चाँद निकलता वैसे उसके दिल का चाँद धरती पर उसके समक्ष प्रकट हो जाता। दोनों प्यार की खूब बातें करते और फिर

बिछोह हो जाता।

'ऐसा मिलन अधिक दिन न चल सका। ठिठुरन भरी जाड़े की रात थी। वातावरण कोहरे से प्रभावित था। चाँद बादलों में छिप गया था। वह बाहर कब आये इसी प्रतीक्षा में सृजन प्रकृति के आँगन में बैठा था। जैसे – जैसे रात्रि गहराती गयी वैसे – वैसे सृजन के जेहन में शीत घुसने लगी थी। नाख़ूनों का रक्त जमने लगा था। धमनियों में रक्त संचार भी थमने लगा, कुछ क्षण तो ऐसा लगा कि यही उसकी अंतिम रात्रि है। प्रत्येक आहट को चाँद का आगमन समझ लेता। उसके प्रेम की परीक्षा में प्रेम जीत गया। रात्रि के अंतिम प्रहर चाँद निकला। चाँद किसी से न मिले, उस पर दृष्टि रखने वाले भाई सो चुके थे। चाँद को विश्वास था कि सृजन आया होगा। वह दौड़ती हुई बाग़ में पहुँची। शीत से काँपते प्रेमी को देख सिसकते हुए बोली –आज यह वेदना भरी रात, बिछोह और आखिरी मिलन की सूचना लिए आयी है।

सृजन – 'ऐसा न कहो, मैं तुम्हारे बिना जी न सकूँगा' ?

चाँद ने अहिस्ता कहा – "खांसी, ख़ुशी और प्रेम छिपाने से नहीं छिपते"।

हम दोनों का छुप – छुप पूनम की रात में मिलना मेरे परिवार से छिपा नहीं है। यही कारण है कि अब्बू मेरी शादी के लिए लड़का ढूंढ रहे हैं बोल रहे थे कि जुम्मे को निकाह होगा। आओगे न......इतना कह वह सिसकने लगी। आँसू पोंछते सृजन बोला – "रोओ मत, चाँद जुम्मे से एक दिन पूर्व ही हम भाग चलेंगे।"

'कहाँ'

'किसी नये स्थान पर।'

'यह संभव नहीं, मुझ पर पहरा है, सघन पहरा, जानते हो क्यों ?'

'मैंने अब्बू से साफ़ कह दिया कि मैं निकाह सृजन से करुँगी, आप सब रोकोगे तो उनके साथ भाग जाऊँगी।'

'बापू तो कुछ न बोले, महज चिंताग्रस्त कुछ सोच में थे, किन्तु मेरे दोनों भाई हाथ में बरछी लिए तुम्हारी हत्या को तैयार हो गये। अम्मी और अब्बू ने उन्हें समझाया, मैं भी उनसे मिन्नते माँगने लगी, वरना आज की रात आप का क़त्ल कर देते। उन्हें ज्ञात हो चुका है कि प्रत्येक पूनम की रात आप मुझसे इसी बाग़ में मिलते हैं।'

सृजन – "उन्हें कैसे ज्ञात हुआ ?"

चाँद – 'उनके हाथ आपका लिखा एक ख़त लग गया। उन्होंने बताया तभी से सब तिलमिला उठे हैं। आनन् – फानन में अब्बू ने मेरा निकाह वाहिद से तय भी कर दिया है तब से दिन – रात पहरा है।

सृजन – 'संसार का कोई पहरा प्रेमियों के मिलन को नहीं रोक सकता।'

चाँद – 'तभी तो आयी हूँ।'

सृजन – 'तो चलो भाग चलें।'

चाँद – "ऐसा उचित नहीं, माँ – बाप को धोखा नहीं दे सकती।"

सृजन – "(मायूसी के साथ) तो मुझे दे सकती हो ?"

चाँद – "लड़की की मजबूरी तो लड़की ही जान सकती है। आपके भागने की सामाजिक निंदा होगी। यदि मैं या कोई लड़की पिता का घर छोड़कर भागती है तो उसके माँ – बाप, भाई - बहन मृत्यु से अधिक अपमान और पीड़ा सहन करते हैं। अपयश या दुष्कर्म की पीड़ा असहनीय होती है "यह क्या चाँद......? तुम्हारे बिना इस जीवन का क्या मूल्य, इससे बेहतर तो मृत्यु है।" चाँद ने उसका मुख ढ़कते हुए कहा – "हमारा प्रेम इतना कमजोर

नहीं है सृजन, दूरी तो मन की होती है। दोनों दूर रहकर भी सपनों में मिलते रहेंगे।"

सृजन – "स्वप्न तो कायर और बुजदिल देखते हैं। मुझे मेरी चाँद पर विश्वास है कि वह मुझे अकेला नहीं छोड़ेगी।"

चाँद – "प्रेम न तो हीन होता है न ही बाह्य शक्तियों से पराजित, वह मन और विचारों की प्रवणता का सात्विक मूर्त रूप है। उसमें स्वार्थ, लोलुपता और हठ का स्थान नगण्य होता है।"

सृजन– "पूनम की अनगिनत रातों में दोनों का एकाकी मिलन, प्रणय कामना को उद्दीप्त करने का सुखद क्षण और सात्विक प्रेम का मिलन, पवित्र निशा के आँगन में व्यग्र परिरम्भ में आवद्ध हमारा प्रेम क्षण भर में रेत की दीवार सदृश्य भरभरा कर गिर जायेगा ऐसी कल्पना न थी।"

चाँद – मेरी आत्मा में बसने वाले प्रिय सृजन, सुनों – "आत्म संयम से श्रेष्ठ सृष्टि पर क्या है ?"

"सब कुछ नश्वर है। मिलन और बिछोह दोनों ही सत्य हैं...... स्वाभाविक प्रकृति की प्रक्रिया के अंग है। एक – दूसरे के बिना भी जीवन और मिलन है। विषय के प्रति आसक्ति होना मन का विकार है न कि आत्मा का। यह जानते हुए कि दोनों ही नदी के दो तट एक तट, हिन्दू है तो दूसरा मुसलमान।"

सृजन – "तात्पर्य यही है कि हम दोनों दो दिशा के यात्री हैं। तुम कहीं और रहो, मैं कहीं और ....

चाँद – "दूरी आत्मा की नहीं बल्कि मन की होती है। शारीरिक समीपता से श्रेष्ठ तो आत्म संयोजन है। जिसे आत्मा चाहती है। दूर रहकर भी दूर नहीं होता। अन्तर्मन के कम्प्यूटर की मेमोरी में कुछ स्मृतियाँ संचित रहती

है।"

अश्रुपूरित नयनों से सृजन ने कहा – "आज जैसी मिलन की रात क्या फिर कभी आयेगी ?"

चाँद – "मनुष्य को आशावादी होना चाहिए। भविष्य में क्या होगा ? यह तो सृष्टि नियन्ता भी नहीं जानता, इतना ही स्मरण रहे सृजन, परिस्थितियाँ हमें अलग तो कर सकती हैं लेकिन हृदय से दूर नहीं कर सकती।

सहसा सरसराहट और आहट सुनाई दी। तीव्र स्वर में किसी ने ललकारा बोटी – बोटी काटकर फेंक दो। आवाज चाँद के भाइयों की थी। भाग जाओ सृजन ! उसने बीस रूपये का नोट देते हुए कहा – "यह हमारे प्यार की अंतिम निशानी है और चाँद की अमानत है। जाओ.......खुदा के लिए भाग जाओ......। खुदा हाफ़िज......।"

सृजन – "..............., प्रेम मृत्यु से नहीं डरता, न मरता है। इस हालत में तुझे छोड़ना.......प्रेमी के साहस का अपमान होगा। आज तुम्हारे भाई रहेंगे या मैं।"

चाँद – "मेरे प्यार की सौगंध सृजन यहाँ से चले जाओ। मेरा क्या, कल के निकाह में वहीद की बीवी बना दी जाऊँगी, इससे बड़ी सजा ही क्या होगी ? जाओ भाग जाओ मेरे देवता....., तुम्हें तुम्हारे चाँद की कसम"......उसने सिसकते हुए कहा।"

चाँद की बात मान सृजन अंतर्ध्यान हो गया। अब चाँद भी एक झुरमुट में छिपकर आकाशी चाँद को निहारने लगी। उसके भाई इधर – उधर ढूंढते कुछ आगे बढ़े तो चाँद घर लौट आयी। द्वार पर अम्मी और अब्बू खुदा से हमारी सलामती की दुआ माँग रहे थे। उन्होंने पूछा – "वह कहाँ गया बेटी......?" मेरा तो दिल धड़क रहा है, सुरक्षित तो है ....?

"हाँ अब्बू।......'चाँद बोली'

तू भी उसके साथ चली गयी होती। उसके अब्बू ने कहा।

(रोते हुए) नहीं ! अब्बू नहीं !! अपने स्वार्थ के लिए..........आपकी बेटी समाज में अब्बू की पगड़ी नीची नहीं होने देगी। कल मेरा निकाह, वहीद से होना है। अब्बू के हृदय से लग वह सिसकने लगी।

'जिसे तू चाहती है, क्या उसके माँ – बाप तुम्हें बहू के तौर पर स्वीकार कर सकेंगे ? यदि हाँ तो तेरे अब्बू को आपत्ति नहीं है।

'सृजन ब्राह्मण है, उसके माँ – बाप कभी भी मुझे स्वीकार नहीं करेंगे।'

'यह जानते हुए भी तुमने मोहब्बत किया......?'

किया नहीं बापू , न जाने कैसे हो गयी। सृजन कहता रहा – चलो भाग चलें वहां जहाँ हमारी जाति मानवता की हो। मैं ही नहीं गयी।

"चाँद का निकाह हो गया। ससुराल चली गयी। जहाँ उसका वैवाहिक जीवन अच्छा न था। चाँद आज भी सृजन और पूनम की रात को भुला न सकी। जैसे सृजन कह रहा हो..........चाँद ! हम दोनों भले ही इस धरती पर शरीर से दूर हों लेकिन पूनम का चाँद दोनों को एक – दूसरे से अवश्य मिलाता रहेगा। सृजन का स्मरण कर चाँद रो पड़ती।

कई चक्र मेह बरसे, ऋतुएँ बदलीं दिन व्यतीत होते रहे लेकिन प्रेमी – हृदय के मिलन की आस न गयी। सामाजिक दायित्व के निर्वाह हेतु सृजन का भी विवाह हुआ। पति – पत्नी एक – दूसरे से संतुष्ट न रहे। सृजन ने पढ़ाई पूरी की। एक सरकारी अस्पताल में डॉक्टर है। उसका अनेकों जगह स्थानांतरण हुआ। वह अपने दायित्व के प्रति सजग रहता, जिस भी अस्पताल में जाता तो लोग कुशल डॉक्टर के रूप में सम्मान करते।

उसका स्वभाव भी अन्य डॉक्टरों से अलग था। उसकी दवा में जादुई

गुण था जो रोगियों को प्रभावित करता।

कई दिनों के कुहरे के बाद धूप आई थी। अस्पताल के प्रांगण में सुनहली धूप में बैठा सृजन रोगियों का निरीक्षण कर रहा था, धूप असरहीन थी ठण्डी हवा चल रही थी। वायु स्पन्दन से ठिठुरन थी। रोगी अपने नंबर आने की प्रतीक्षा में खड़े थे। सच कहा गया है कि डॉक्टर ईश्वर का रूप होता है। लेकिन आज के कुछ डॉक्टर तो जल्लाद सरीके हो गये हैं। रोग की दवा कम जाँच अधिक कराते हैं। उन्हें जो दवाईयाँ आती है सभी लिख देते हैं। वे डॉक्टरी से अधिक तो अपना मेडिकल स्टोर चलाते हैं।

सृजन सरकारी डॉक्टर था। उसे पैसों का लोभ न था। उसे मानव सेवा में ही सुख था। सहसा उसके समक्ष ऐसे रोगी की बारी आयी जो घूरने के सिवा कुछ न बोलती थी। डॉक्टर के लाख पूछने पर भी वह न बोली, बस देखती रही, बुर्के से तो आँखें ही दिख रही थी।

डॉक्टर ने उसके साथ की महिला से पूछा – "यह गूंगी है क्या ?"

महिला बोली – "नहीं साहब, बहुत कम बोलती है, और कम खाती – पीती है।"

'और'। डॉक्टर ने पूछा।

यह प्रत्येक पूनम की रात नींद से झिझक कर उठ जाती है और बिना कुछ कहे ही चलने लगती है।"

डॉक्टर के हाथ से कलम गिरते – गिरते बची वे साश्चर्य बोले – "पूनम की रात ....?"

महिला – "हां...साहब ! सोते में सृजन ! सृजन !! सृजन !!! बड़बड़ाती भी है।"

यह सुन डॉक्टर आवाक् रहा.....। उसे विश्वास नहीं हो रहा था कि

अतीव सुंदरी चाँद, इस हालत में कभी मिलेगी ? उन्होंने महिला से कहा – "आज ही तो पूनम का चाँद निकलेगा।"

प्रसन्न मन से साथ की अधेड़ महिला बोली – हाँ डॉक्टर साहब ! हाँ आप भी जानते हैं ?"

डॉक्टर – "सभी जानते हैं। पूनम का चाँद किसे नहीं भाता ? व्यग्रता - पूर्वक डॉक्टर ने पूछा – "इनके परिवार में और कौन – कौन हैं ? "

महिला की आँखें भर आयीं थी, उसने कहा – "कोई नहीं डॉक्टर साहब, यह अकेले ही एक झोपड़ी में तिल – तिल जीवन काट रही है। पति ने इसे डायन समझ कर छोड़ दिया है। मेरे सिवा इसका कोई हमदर्द ....

डॉक्टर ने कहा – "यह बिल्कुल ठीक हो सकती है किन्तु इसे भर्ती करना होगा।"

महिला – इसका कोई नहीं बेटा, न ही इलाज के पैसे हैं।

डॉक्टर – पैसों की चिंता न करें माँ – बस इसके साथ आप रुकें रात को मैं देखूँगा कि यह कैसे नींद में चलने लगती है। ठीक है बेटा भगवान् तुम्हें मेरी भी उमर दे दें।

'तुम महान हो माँ..........महान !

'महान शब्द से महिला की आँखें नम हो उठीं, जैसे उसे कोई बड़ा पुरस्कार मिला। वह डॉक्टर की भूरि – भूरि प्रंशसा करने लगी।

रोगियों को देखने के पश्चात् डॉक्टर सृजन आवास पर पहुँचे। उसके पीछे – पीछे रोगी के साथ वह महिला थी। शाम को.उसने कहा – बेटा मुझे घर जाना अत्यन्त आवश्यक है। ऐसा नहीं हो सकता कि आप इसे भर्ती कर लें और मैं अस्पताल आती - जाती रहूँगी।

'डॉक्टर को जैसे माँगी मुराद मिल गयी हो। उन्होंने कहा – निश्चिन्त रहें माँ, मैं वेसहारों का ही डॉक्टर हूँ।'

'ईश्वर तुझे सुखी रखे बेटा। सुना था डॉक्टर खुदा का रूप होता है अब देख भी लिया।

डॉक्टर – "यह तो मेरा कर्तव्य है"।

महिला – युग – युग जिओ लाल कहती वह चली गयी।

कम्पाउंडर भी घर चला गया आवास पर रह गये डॉक्टर और उसकी प्रेयसी – चाँद। दोनों ही शांत एक – दूसरे को निहार रहे थे। डॉक्टर ने पूछा – चाँद.......!

रोगी – "कौन चाँद ....? स्मरण रहे, मैं एक रोगी हूँ और आप डॉक्टर, इससे अधिक सोचना अपराध होगा।"

सृजन – "वेदना की भट्ठी में तपकर तुम्हारी ऐसी स्थिति हुई है फिर भी मन से दार्शनिक विचार नहीं गये ? तुम मेरी चाँद हो, चाँद !!"

चाँद हंस पड़ी,

'तुम हंस रही हो, मुझ पर या खुद पर.....?

चाँद – "आप पर, एक बेबस डॉक्टर के व्यक्तित्व पर...।

डॉक्टर – "तुम हंसों, रोओ, या गाओ मगर कान खोलकर सुन लो, संसार की कोई भी शक्ति अब मुझे चाँद से अलग न कर सकेगी।

'ईश्वर भी......?'

'हाँ....हाँ ईश्वर भी।'

वह मुस्कुराते हुए बोली – "तुम्हारी चाँद तो उसी दिन मर गयी थी डॉक्टर, जब तुम्हें अमानत दी थी स्मरण है, न हो तो स्मरण करें ....। इतना कह वह सिसकने लगी।"

सृजन ने सहजता से कहा – 'वह मैं तुझे अभी दिखाता हूँ इसी क्षण

उसी के सहारे ही जीवित हूँ। उन्होंने कपड़े की जेब, पर्स और ताखों को छान मारा किन्तु अमानत न मिली। उनका चेहरा फक पीला पड़ गया।

चाँद ने कहा – यह देखो डॉक्टर, मेरे हृदय पर लटकने वाला लॉकेट साधारण नहीं, सृजन ने देखा।

यह उन्हीं का दिया था। सृजन की आँखें भर आयीं- प्रेम की परीक्षा में चाँद उत्तीर्ण हो गयी तुम महान हो चाँद, तुम्हारे निर्मल प्रेम की जितनी भी प्रशंसा करूँ कम है। मैं तुझे स्वस्थ कर दूँगा चाँद।

चाँद – "ठीक तो आपको देखते ही हो गयी।"

सृजन – "आश्चर्य है चाँद, तुम्हें देखते ही तुम्हारी अमानत न जाने कहाँ खो गयी। कल तक बीस रूपये वह नोट मेरे पास था।"

चाँद – 'वह तो आज भी है दिखाते हुए – यही है।'

सृजन – 'किन्तु तुम्हारे पास कैसे चला गया ?'

चाँद – 'जब मैं आ गयी तो इसका क्या काम। रात में पूनम का चाँद निकला, बीस वर्ष के बाद आज दोनों प्रेमी एक साथ मिले थे। चाँद का दोनों हाथ थामें सृजन बोला – "वादा करो कि आज के बाद हमें एकांकी तड़पना नहीं होगा।

'आप की धर्मपत्नी ....? नहीं...........नहीं किसी के अधिकार को छीनना मेरी नियति नहीं चाँद ने कहा।

सृजन – "वे इस दुनिया में नहीं हैं चाँद ....।" और तुम्हारे पति.......?"

चाँद – वे हैं लेकिन तुम्हारी चाँद की पवित्रता के चलते दूसरा निकाह कर परिवारदार हैं।

दोनों प्रेमियों ने एक – दूसरे को देखते हुए कहा – "पूनम के चाँद को साक्षी मान हम एक हो रहे हैं।"

सृजन – "अब मैं पूनम के चाँद की प्रतीक्षा नहीं बल्कि धरती के चाँद की करूँगा।"

दोनों मुस्कुराने लगे।

तभी चाँद ने पूछा – "हिन्दू – मुसलमान ....?"

सृजन ने कहा – धत पगली ! प्रेम, धर्म और संप्रदाय से ऊँचा है।

सिद्धान्तवादी

मुंशी माहेश्वरी प्रसाद लाल अंग्रेजों के समय के पटवारी थे, जमीनी विवाद, बेदखली, बंदोबस्ती हकदारी आदि चुटकी बजाते हल कर देते थे। वे नाप जोख के दांव – पेंच में माहिर थे जिसे सीखने को लोग दूर – दूर से आते।

तीव्र बुद्धि के धनी होने से उन्हें शीघ्र ही मान – सम्मान और शोंहरत मिल गयी। वे ईमानदार थे। उन्होंने मेहनत से कमाये पैसों से शहर में कई जमीनें खरीदीं। शादी के अर्से बाद उन्हें पुत्र रत्न प्राप्त हुआ जिसका नाम गोपाल रखा।

पिता की भांति गोपाल भी होनहार और ईमानदार था। पिता की मृत्यु के पश्चात् घर – परिवार का बोझ गोपाल पर पड़ा। सच है कि पिता का कुछ न कुछ गुण संतान पर पड़ता ही है। उसे भी पिता की भांति क़ानूनी दाँव पेंच का अच्छा ज्ञान था। वह जिस काम को पकड़ता तो उसे निबटाकर ही दम लेता था।'

'सात्विक सरल स्वभाव का गोपाल प्रायः गंभीर रहता। पहनावे में सफ़ेद खद्दर का कुर्ता, धोती और गांधी टोपी तथा गले में गमछा लपेटता। शुद्ध भारतीय वेश उसे पसंद था।'

"गोपाल का पैतृक निवास एक छोटे कस्बे में था जहाँ उसकी कई खाली भूमि थी जो परती थीं। वह अपनी कुछ भूमि जो घूसखोर अधिकारियों को घूस न देने से मुकदमा हार गया था। मरते समय उसके बापू ने उसे समझाया था कि बेटा – "किसी से न घूस लेना न देना।"

"सितम्बर का आखिरी सप्ताह था। गोपाल अहाते में बैठा कुछ पढ़ रहा था। तभी उसी नगर पंचायत के बड़े बापू जो गोपाल के शुभचिन्तक थे आ गये। उन्होंने उद्यान में लगे पुष्पों की विविध किस्में जिनमें रजनी गंधा, लिली, गुल्तास, कस्तूरी, गुलदावरी, गुड़हल, गुलाब और कई रंगों के फूलों को देखकर कहा – "वाह ! भाई गोपाल तुम्हारे फूलों से भरे उद्यान को निरख कर हृदय आनंदित हो उठता है।"

गोपाल – "सब आप सब की कृपा और प्रकृति का वरदान है। आइए बैठिए, उन्होंने भीतर चाय लाने का आदेश दे दिया।"

चाय की चुस्कियाँ लेते नकवी ने कहा – "आपने कुछ सुना ?"

गोपाल – "नहीं तो.......।"

बड़े बाबू – "(इशारा करते हुए) आपके सामने की परती भूमि का नगर पंचायत अध्यक्ष और अधिशासी अधिकारी दोनों मिलकर छेदी हलवाई के नाम पट्टा कर दिये।

गोपाल – "अरे मियाँ, उस पर तो मेरी दो बार डिग्री हुई है। मैंने उसे पार्क बनाने हेतु नगर पंचायत को दान में दिया था।

नकवी – "अरे भई, घूस में बहुत ताकत होती है। तभी तो रूपये ऐंठ कर उसे पट्टा दे दिया"।

गोपाल – "इसमें तो डिप्टी साहब का भी हाथ होगा ?"

नकवी – "जरुर", खेल के मुख्य किरदार तो वही हैं।"

गोपाल – 'धैर्य रखो मियाँ, एक – एक की बखिया न उधेड़वाया तो गोपाल नाम बदल देना। क़ानून का हाथ अभी इतना कमजोर नहीं हुआ है।"

मुस्कुराते हुए नकवी बोले – "घूस के भूत के समक्ष नहीं टिक पाओगे।

आजादी के बाद घूस की जड़ें इतनी पनपी कि दिनोंदिन दैत्य की भाँति सत्य के भक्षण में निरत हैं। आदमी भी बेचारा वही कर रहा है जो हाकिम चाहता है।"

गोपाल – "इस बार मैं साधारण जाँच न कराऊँगा, सीधे मुख्यमंत्री के पोर्टल पर भेजूँगा। उनके स्तर से कराऊँगा घूस तो छुटभइये, लालची कर्मचारी और हरामखोर अधिकारी लेते हैं। अभी इस देश में सत्य और न्याय मृत नहीं हुआ है नैतिक और यथार्थ मूल्यों से भारत भूमि रिक्त नहीं हुई है। घूसखोरों को घाट – घाट का पानी और नानी न याद करा दिया तो कहना।"

नकवी – "आप जैसे ईमानदार और सत्यभाषी कुछ प्रतिशत लोग हो जाये तो, देश का नक्शा ही कुछ और हो जायेगा।

गोपाल – "निश्चित होगा। सत्य और ईमानदारी का जिसने स्वाद चख लिया वह उस अलौकिक आनंद से कभी विमुख हो ही नहीं सकता। ईमानदारी से निहित कार्य का कर्ता और जिसके निमित्त हो, दोनों ही आत्मिक सुख प्राप्त करते हैं। छल – प्रवंचना और घूस से सम्पन्न कार्य सदैव दुःख का कारक होता है। मुझे पूर्ण विश्वास है कि इस बार न्याय होकर रहेगा।"

नकवी – "गोपाल बाबू ! एक बात पूंछूं ?"

गोपाल – "हाँ, हाँ, पूछो।"

नकवी – "जब आपने उस जमीन को छोड़ दिया फिर उसके पीछे पड़ने से क्या लाभ ? किसी को मिले या काला चोर ले ले।"

गोपाल – "हमने उसे पार्क या सौन्दर्यीकरण की नियति से दी थी न कि पट्टा कर घूस ऐंठने के लिए। गुनाह करने वाले से अधिक दोषी गुनाह कराने वाला होता है। मैं घूसखोरों को नंगा करके दम लूँगा। आज ही रजिस्टर्ड डाक से शिकायत मुख्यमंत्री के पास भेजता हूँ।

शिकायत भेजने के माह भर बाद भी कोई प्रतिक्रिया न हुई तो गोपाल को चिंता हुई और उन्होंने पत्र व्यवहार किया तो ज्ञात हुआ कि शिकायत पत्र सचिवालय भेजा जा चुका है। कुछ दिन और रूककर वे सचिवालय पहुँचे, जहाँ ज्ञात हुआ कि अभी कोई डाक नहीं आयी है। गंभीर श्वाँस छोड़ते हुए उन्होंने सोचा – "तीन माह का समय बीत गया लेकिन जाँच पत्र रूपी चिड़ियाँ के पंख अभी तक नहीं निकले। कुछ और प्रतीक्षा की आवश्यकता है। वे शांत होकर बैठ गये। समय व्यतीत होता रहा और जांच पत्र ठण्डे बस्ते में पड़ा रहा।"

जब गोपाल से रहा न गया तो उन्होंने शिकायत पत्र का उद्धरण देते हुए सचिवालय को पुनः एक पत्र भेजकर पूछा कि जाँच कहाँ तक पहुँची ? करीब डेढ़ माह के पश्चात् सचिवालय से जवाब आया कि आगे की जाँच हेतु सम्बन्धित विभाग को आपकी फ़ाइल भेजी जा चुकी है।

गोपाल का मन मुदित हुआ कि जाँच में देर भले हैं किन्तु अँधेर नहीं, निश्चित ही ईमानदारी पूर्वक जाँच होगी और घूस की थैली हज़म करने वाले छुट भाइयों की खैर न होगी। उन्हें जेल काटना तय है। डिप्टी साहब जो झोले भर रकम गाँठ कर बैठे हैं उन्हें भी ज्ञात होगा कि किसी से पाला पड़ा है ? अब वे बची हुई नौकरी फूंक – फूंककर पूरा करेंगे। गोपाल जी यही सब सोच रहे थे कि तभी नकवी साहब आ धमके उन्होंने व्यंग्य भरे लहजे में पूछा – "जाँच कहाँ तक पहुँची ?"

गोपाल – "प्रक्रिया में है। सचिवालय से संबंधित विभाग को भेंज दी गयी है जहाँ अधिकारियों को घूस की बीमारी नहीं लगी है। जिस दिन जाँच यहाँ तक आयी तो घूसखोरों के कान खड़े हो जायेंगे। नगर पंचायत के अध्यक्ष को जिनके सफ़ेद कुर्ते की क्रिच नहीं टूटती उन्हें हवालात की सैर न करवा दिया तो नाम बदल दूँगा।

नकवी – “(मुस्कुराते हुए) अरे भाई, दो वर्ष बीतने को हो गये.......वही ढ़ाक के तीन पात ही रहे, जाँच आते – आते हम रहेंगे भी या नहीं ?”

गोपाल – “व्यंग्य न बोलो मियाँ, मैं कल ही मंत्रालय के संबंधित विभाग जाकर पूछता हूँ।”

नकवी –“मेरे कहने का आशय ऐसा नहीं गोपाल, रही बात कि जब तक घूस की थैली न दोगे तब तक कोई जाँच न होगी। सब ठण्डे बस्ते में ही पड़ा रहेगा।”

गोपाल – “देखते रहिए माह – दो माह और सही।”

“मैं तो चलता हूँ, नकवी ने कहा।”

चाय.........।

‘आज नहीं, काम अधिक है।’

अगले दिन गोपाल सचिवालय गया। मुश्किल से विभाग खोज पाया। बाबू ने फ़ाइल दिखाते कहा – “कार्य प्रगति पर है।”

“लेकिन जाँच कब तक पूर्ण होगी ?”

बाबू – “जी, अभी दो साल ही तो बीते हैं। आपके जीते जी भी जाँच पूरी हो सकती है।”

गोपाल – “देखो भाई, गोल - मोल उत्तर पसंद नहीं, सही बताओ।”

बाबू –“(चपरासी को बुलाकर) इन्हें फ़ाइल के संदर्भ में समझा दो।”

चपरासी उन्हें एक चाय की दुकान पर ले गया। खुद चाय पीते हुए गोपाल से भी पीने का आग्रह किया। उन्होंने कहा – “जी मैं बाहर की चाय नहीं पीता। फिर तो मेरी चाय का पैसा भी न दोगे ? मुस्कुराते हुए गोपाल ने कहा – नहीं भाई, मैं दूँगा।”

"चपरासी – "चाय में जितनी चीनी होती है उसी अनुपात में मिठास भी बढ़ती है। वही फार्मूला आपकी फ़ाइल और जाँच पर भी लागू होता है। किसी भी सरकारी महकमें के बाबू में बुरी बीमारी है कि बगैर चढ़ावे के कोई काम करता ही नहीं। जिस अनुपात में चढ़ावा होता ही उसी अनुपात में फ़ाइल सरकती है। अधिक दोगे तो दौड़ेगी, उससे कम में रेगेंगी। बगैर घूस के पंख विहीन एक कोने में धूल चाटेगी।

गोपाल – "मैं घूस का सख्त विरोधी हूँ न देना पसंद है न लेना।"

चपरासी – "फिर क्यों परेशान हैं ? जाइए कान में तेल डालकर बैठ जाइए। हाँ जिलाधिकारी कार्यालय में संपर्क करते रहना। यहाँ से सीधे वहाँ भेज दी जायेगी।" सक्रोध गोपाल बोला – 'धन्यवाद'।

छ : माह पश्चात् नकवी ने द्वार पर आहट की। गोपाल जाँच को लेकर क्षुब्ध था, जी में तो आया कि कह दे कि कहीं जाना है, बाद में आयें। कुछ सोचकर द्वार खोल दिया। उसे संदेह था कि 'फ़ाइल कहाँ तक पहुँची 'पूछेंगे किन्तु हाथ में पोती के विवाह का कार्ड देते कहा – 'जरुर आना, तुम्हीं तो ऐसे मित्र हो जिससे दिल की बात आसानी से कह देता हूँ। वे जाने को हुए तो गोपाल ने पीछे से कहा - "जाँच कहाँ तक पहुँची, वह नहीं पूछोगे ?"

गोपाल के मायूस चेहरे को देखकर नकवी ने समझ लिया था कि अभी कुछ न हुआ, वे बोले – 'गोपाल भाई, आप जैसे भले लोग सृष्टि पर कम ही बचे हैं। इतना कह वे चले गये।"

घूस जैसे शब्द से क्षुब्ध गोपाल का मन भारी था। सोचने लगा कि बापू मरते समय कहे थे कि बेटा घूस न लेना न देना, दोनों ही पाप है। वह भावुक हो सिसकते हुए बड़बड़ाया – "आपकी बनायी संपत्ति को गँवा दिया बापू.............। आपके बताये पथ पर चलकर देखा कि सच्चाई और ईमानदारी मनुष्य के भीतर से खासकर सरकारी बाबूओं के भीतर से मृत हो

चुकी है तभी तो साढ़े तीन वर्ष के पश्चात् अब जाँच जिलाधिकारी के यहाँ तक पहुँची है। प्रार्थना पत्र लिखते – लिखते कलम की चोंच घिस गयी है। बाबूओं का एक ही जवाब रहता है कि पंख बिना आपकी फ़ाइल घिसक – घिसक कर चल रही है। मुझे नहीं लगता बापू कि मेरे जीते जी निबटारा ही हो सकेगा। हालाँकि आपके निर्देश का मैं अक्षरत : पालन करूँगा लेकिन आगामी पीढ़ी को इसके लिए बाध्य न कर सकूँगा, अवसाद ग्रस्त होने से मेरी मानसिक स्थिति और ये घुटने भी जवाब दे चुके हैं। शनैः शनैः वे और कमजोर हो गये। अब वे प्रायः बिस्तर पर ही पड़े रहते, इस भ्रष्ट परिवेश और समाज से टूट चुके थे। जीवन पर्यन्त असत्य से सत्य का द्वन्द लड़ते थक गये थे। आजादी के पश्चात् उन्हें बहुत बदलाव दिख पड़ा था।

जाड़े को सुनहली सुबह थी। आसमान साफ़ था, भास्कर की किरणें धरती पर उतर चुकी थी। गोपाल पौधों को पानी दे रहा था। तभी टहलता उनका बड़ा बेटा मोहन किसी काम से वहां आया। वह पेशे से वकील था। गोपाल ने कहा – "बेटा, पाँच वर्ष के पश्चात् मेरी एक जाँच फ़ाइल तहसील आयीं है। अब उसे तुम्हें देखना है।

मुस्कुराते मोहन बोला – "मैं आपके पद चिन्हों पर चलते फ़ाइल और जाँच अपने पक्ष में नहीं करा सकता बापू, आपको इल्म हो चुका होगा कि बगैर घूस के कुछ भी संभव नहीं, घूस की बीमारी इतनी जटिल हो चुकी है कि आजादी के बाद कोई भी बाबू बगैर चढ़ावे के बात करने को तैयार नहीं। थाना हो, तहसील, कचहरी या कोई भी सरकारी महकमा हो, घूस छूत की बीमारी की भाँति पनप चुका है। आप का समय आदर्श और नैतिकता का था, आपका सबकुछ चला जाये फिर भी आप घूस न देंगे।

"सच कहते हो बेटा, लेकिन तुम अपने स्तर से पैखी करो।"

जी पिता जी, इतना कह वह चला गया।

सप्ताह बाद मोहन अपने पिता गोपाल से बोला – "फैसला हो गया बापू।"

आश्चर्य से गोपाल ने पूछा – "किसके पक्ष में ....?

मोहन – "मैने छेदी का पट्टा रद्द करा दिया और पार्क से भी जमीन वापस लेकर उस पर कब्जा भी ले लिया। अब मेरे पास इसका पुख्ता प्रमाण है कि यह मेरी पैतृक जमीन है।"

दोनों बातें कर ही रहे थे कि तभी नकवी साहब वहाँ आ धमके। उन्होंने पूछा – "अरे भाई गोपाल ! जाँच कहाँ तक पहुँची ?"

गोपाल ने कहा – "मेरी जाँच तो सरक रही थी, लेकिन बेटे ने दौड़ा कर उसे जीत लिया। अब जमीन मेरी हो चुकी है। उस पर आम और अन्य फलों के पेड़ लगाऊँगा।

नकवी साहब मुस्कराते हुए बोले – "युग के साथ बदलना पड़ता है गोपाल।"

गोपाल – "ईश्वर जो करता है, अच्छा ही करता है। मुझे आज भी न्याय और अपने उसूलों पर विश्वास और सुख है। मेरा सर्वस्व चला जाय मगर उसी पर चलूँगा।"

साहित्य भारती (कहानी विशेषांक)

सितम्बर – 2025 में प्रकाशित

चुलबुली

'चुलबुली' नाम के संबोधन पर आप समझेंगे कि वह या तो कोई चंचल लड़की होगी या नौकरानी किन्तु यहाँ ऐसा कुछ भी नहीं। वह कौन है ....? यह तो कहानी ही बताएगी।

जिसकी आत्मा सरल एवं स्वच्छ होती है, उसकी दृष्टि में संसार के समस्त प्राणी व सम्बन्ध शाश्वत एवं यथार्थ प्रतीत होते हैं, तभी तो भोलानाथ कुशल किसान है, पशुओं में गाय, भैंस और बैल हैं, जिन्हें वह अपने बच्चों से भी अधिक प्रेम करता है। भैंस का नाम 'सन्नो' तो गाय का 'तानों' रखा है। संबोधन पर वे उसे देखने लगती। तानों ने वर्ष भर पहले खूबसूरत बछिये को जना, श्वेत वर्णी नटखट बछिये को निरख भोला ने उसका नाम चुलबुली रखा। इसी अगहन में सन्नों ने एक सुंदर पड़िये को जन्म दिया। जिसे प्यार से किसान ने धन्नों कहना शुरू किया।

सभी जानवर कीमती और शौकीन थे, गाँव का दूसरा किसान बजरंगी तो प्रायः ही कहा करता कि भैया ! भोला तुम्हारे सभी जानवर अनमोल हैं, कोई लाख सवा लाख से कम क्या होंगे ? उसकी बातें सुन भोला - नाथ का सीना चौड़ा हो जाता, होता भी क्यों न, सभी धनों में पशु धन भी एक धन है। प्रसन्न मुद्रा में भोलानाथ कहता – "गाँव में इतना देने वाले कहाँ आते हैं भैया, जो आते भी हैं तो छोल कर पेड़ा खाने के फिराक में रहते हैं, वे चाहते हैं कि दो – चार और देकर उन्हें मुफ्त संकल्प दूँ। इतने जानवरों की सेवा कोई सहज कार्य नहीं है भैया ! इन्हीं की खिदमद में तो सुबह से शाम हो जाती है। कई – कई बार तो ससुराल से बुलावा आया किन्तु किसके सहारे इन्हें छोड़ जाऊँ ?

सच पूछो तो किसी पर विश्वास ही नहीं, पिछले ही बरस छट्टू के भरोसे दो दिन को ही बहन के घर गया था किन्तु लौटकर देखा तो किसी जानवर ने भुस में मुँह मारा ही न था उन्हें समय पर न पानी मिला न दाना। मुझे देखते चुलबुली ऐसे उछलने-कूदने लगी जैसे नाराज कहती हो, न बोलूँगी............अकेले छोड़ गये थे न। बहुत समझाने पुचकारने पर सभी संतुष्ट हुए।

उनकी भाषा तो वहीं जानता है जो उनके साथ रहता है। कब पानी पिलाना तो कब खली – भूसी करना है, तनिक भी चूक होते जानवर बुलाने लगते। ख़ुशी – ख़ुशी से दिन बीत रहे थे। ससुराल में शादी पड़ी। पत्नी ने कहा – "बच्चों के कपड़े लेने हैं शादी में बहनों तथा भाइयों के बच्चे अच्छे कपड़े पहनेंगे तो इन्हें हीन महसूस होगा। मेरे गले की चैन बनवाते – बनवाते तो तीसरा पन आ गया, छोड़ो मुझे कुछ न चाहिए किन्तु बच्चों को तो ला ही दो। मेरा तो जी नहीं करता जाऊँ भी, लेकिन भावजें कहते न चूकेंगी कि भतीजे की शादी होती तो नेगचार लेने आ डटती। भतीजी की थी न, खर्चे जो होंगे, इसीलिए कन्नी काट गयी होगी।

साल दो साल से खेती भी धोखा दे रही थी, कभी पाला तो कभी सूखा, तो कभी नीलगायों की भेंट चढ़ जाती। आज की रात चिंता भरी थी, भोला सोचता रहा, खेती से इतना कहाँ मिल पाता है कि खाने – पीने से अलग पारिवारिक आवश्यकता पूर्ण हो, गेहूँ तो महज खाने भर का है। गेहूँ का बाजार भाव भी मिट्टी की तरह है। इतने गिरे भाव पर बेच भी दूँ तो न बच्चों के कपड़े ही बन सकेंगे ना ही साल भर खाने को रहेगा। यशोदा की बात भी सोलहों आने सत्य है, अपनी समस्त आवश्यकताएँ सीमित करके परिवार चलाती है, देवी है देवी......! ईश्वर सबको ऐसी ही गृहणी दे। लाख चाहा किन्तु उसकी एक भी आवश्यकता पूर्ण न कर सका। जब नई – नई आयी थी तो उसे चैन पहनने की साध थी और मैंने बनवाने का वादा भी

किया था किन्तु पूर्ण न हो सका। बाहरी आवग न हो तो खेती से सब कहाँ पूरा हो पाता है।

भाइयों में बंटते – बंटते खेती रह ही कितनी गयी है। दिन – रात की मेहनत से क्या मिलता है........? भोजन........! वह भी कहाँ कम है, यही न होती तो इतने प्राणी और जानवरों का पालन कैसे होता और बच्चों की पढ़ाई कहाँ से चलती ? मजदूरी करने वाले तो जितने दिन काम करते हैं उतने दिन खाते हैं किन्तु खेती ऐसा नहीं करती। वह हमें सुख – चैन देती है। हरे – भरे लहलहाते खेतों को देख आत्मा पुलकित हो उठती है। अरे कुछ सरसों और चने बेचकर कपड़े तो ले ही सकता हूँ। तत्क्षण मन दुखी हो उठा – यशोदा की चैन.......... कैसे बने..........? दो वर्ष पूर्व भतीजे की शादी पर बहनों और भावजों के सक्षम ऐलान किया था कि वे इसी फसल पर चैन गढ़ाने की जिद कर रहे थे किन्तु मैंने ही रोक दिया, अगली फसल पर लेकर रहूँगी। वह कैसे बने, आँखों से नींद काफूर थी। बिस्तर से उठा चन्द्रिका की निर्मल ज्योति से वातावरण स्नायित हो रहा था। तभी उसकी दृष्टि जानवरों पर पड़ी, जो आनंद से जुगाली कर रहे थे।

भोला को मध्य रात्रि में बाहर टहलता देख, जानवर सोचने लगे कि चिंतित मुद्रा में हैं। चुलबुली तो मुँह हिला - हिला कर बुलाने लगी। भोला स्तब्ध उस दृश्य को देखता रहा। काफी स्पष्ट था – सभी जानवरों की यही इच्छा थी हमें बेचकर मालकिन की चैन बनवा दो।

भोला निश्चिन्त मन जाकर सो गया। प्रातः उसने लोगों से कह दिया कि भैंस बेच रहा हूँ। ग्राहकों की कमी कहाँ अच्छे सौदे के लिए होड़ लगना स्वाभाविक है। हालाँकि सन्नों खुश थी कि दुःख में वह मालिक के काम आ रही थी। भोला को देख उसकी आँखें भर आती। वह सोचती, भोला जैसा

मालिक इस जीवन में कहाँ मिलेगा। ग्राहक भी कोई थन देखता, तो कोई चाल, कोई दूध के विषय में पूछता।

प्रातः काल का समय था, खली भूसी करते भोला की दृष्टि सन्नो पर पड़ी तो भावुक हो उठा। सन्नो की आँखें नम थी, जैसे कह रही हो स्वामी ! यह आपके हाथों की आखिरी खली – भूसी है। इस जन्म में भले ही आपका और प्यार मुझे न मिले किन्तु अगले जन्म आप मेरे स्वामी अवश्य बनिएगा। भैंस को गले से लगा भोला ऐसे रोया जैसे बेटी को ससुराल भेजते बाप रोता है। उसे ऐसा लगा कि आज सन्नो बिक जायेगी।

दस बजे होंगे। भोला जितना चाहता था उससे भी सौ रूपये के ऊँचे दाम पर सन्नो बिक गयी। सन्नों का बिकना न परिवार को रुचा, न ही जानवरों को, जानवर डकार मार रो पड़े थे। व्यापारी ने भोला से कहा – "भैया ! इसकी रस्सी खोल दरवाजे तक पहुँचा दो। भोला रस्सी खोलने बढ़ा तो सन्नो चाटने लगी। भोला का हृदय चीत्कार उठा और आँखें नम थीं। भीतर से उसकी पत्नी दौड़ी आयी, सुनों जी ! मुझे चैन – वैन नहीं चाहिए ....इसे न बेचो। रस्सी को व्यापारी के हाथ देते भोला ने गमछे से मुँह ढँक लिया। वातावरण कारुणिक था। उसने पत्नी को समझाया जानवर कोई कम नहीं हैं। बहनों के समक्ष तुम्हें झेंपना पड़ा तो इन्हें रख कर ही क्या करूँगा ?

पत्नी की साध पूरी करते जहाँ भोला का हृदय भैंस के बिछोह से द्रवित था वहीँ गर्वित भी, तीन तोले की वजनदार चैन, शायद ही सुसराल में किसी के पास हो ?

*****

जहाँ कभी यशोदा के गरीबी का मजाक उड़ाया जाता वहीं इस बार बच्चों के बढ़िया कपड़े, कीमती चैन की खूब प्रशंसा हुई।

रात्रि के करीब ग्यारह बजे होगे। भोला का परिवार शादी में गया था। वह बाहर छप्पर में सोया था। जानवरों के रंभाने की आवाज सुन आँखें खुली, अनाज और भूसे के घर में भीषण आग लगी थी।

वह चिल्लाया.......बचाओ ! बचाओ ! मेरा तो सब कुछ नष्ट हो गया। पानी से भरी बाल्टी लिए गाँव के लोग दौड़े किन्तु देखते ही देखते सब कुछ जलकर नष्ट हो गया। भोला हतप्रभ निरीह बना देखता रहा। जैसे – तैसे आग बुझी किन्तु कारण पता न चला लोग अटकलें लगा रहे थे, भोला ने कहा – "ईश्वर को जो मंजूर था हुआ। आग चाहे जैसे लगी हो मेरा तो सब कुछ चला गया। जानवरों की तरफ देखकर, क्या खायेंगे जानवर और कैसे जियेंगे बच्चे वह फफक – फफक कर रो पड़ा। वहाँ उपस्थित लोगों की आँखें नम हो गयीं। लोग अपने – अपने घर चले गये। भोला की आँखों में नींद कहाँ ......?

वर्तमान से अतीत के वृत्तचित्र नेत्र पर उमड़ रहे थे। क्या यही जीवन है.......सुख समीप आते – आते हाथ से फिसल जाता है इससे बड़ा शोक क्या हो सकता है। ईश्वर ने हमें ऐसे चौराहें पर खड़ा कर दिया है कि कहीं कुछ सूझता नहीं, तभी वह मुस्कुराया आज ही ससुराल में शादी है। पत्नी जी वजनी चैन और बच्चे अच्छे कपड़े पहने उच्चता का प्रदर्शन कर रहे होंगे, यहाँ प्रकृति ने हमें भीख माँगकर जीने हेतु मजबूर कर दिया है। इन जानवरों को औने – पौने बेचना होगा।

शादी के दूसरे ही दिन भाई के साथ यशोदा भी आ गयी। पति को समझाते हुए बोली –"ये चैन जौहरी के हाथ बेचकर पशुओं के लिए चारा और खाने के लिए कुछ अनाज खरीद लो । चिंता – चिता से भी बड़ी होती है। आपको कुछ हो गया तो हम कहीं के न रहेंगे ? आखिर भोला ने वैसा ही किया जो यशोदा चाहती थी। किसी गहने को चार बार बेचो तो वह स्वर्णकार भर का ही होता है। बत्तीस हजार की चैन से काटकर सत्ताईस हजार ही

मिला। भूस और कुछ अनाज तो भोला ने ले लिया। भोला की बेटी बीमार हुई, जिसमें भी काफी पैसा गया।

बुआई का समय आया घर में पैसे न बिया – बिसार, मेह भी बरस कर जा चुका था। लाख कोशिश पर उसे न तो बिसार मिला न ही पैसे।

सहतू और निरंजन चालाक बनिये थे, शूदखोरी ही उनका व्यवसाय था। भोला ने उनसे भी कहा। दोनों की नजरें मेरे जानवरों पर थी। उन्होंने कहा – "रेहन रखने के लिए सोना - चाँदी तो रहा नहीं, तुम अपनी यही पडिया रेहन रख कर कुछ पैसे ले सकते हो। मजबूर क्या नहीं करता उसने धन्नों को रेहन रख बुआई का काम चलाया। क्योंकि इसी फसल पर उसे धन्नों को छुड़ाना था। धान की फसल रोपने के दूसरे ही दिन ऐसी वर्षा हुई की रोपी हुई सारी पौध बह गयी। असहाय और शक्तिहीन भोला अब क्या करें इसी चिंता में निमग्न था, वह समय से पैसा न दे सका तो पडिया सूद में चली गयीं, और बची चुलबुली, बच्चों से अधिक प्रिय थी जिसे देख भोला अपना समग्र दुःख भूल जाता। जैसे पूर्व जन्म का सम्बन्ध हो। उसके मुख से जब भी चुलबुली निकलता तो वह आत्मविभोर हो मालिक को देखने लगती। घर में खाने के लाले पड़े, दो – दो दिन पर भोजन मिलने की स्थिति बनी किन्तु भोला अपनी प्यारी गाय न बेचा।

गाय को ब्याने में कुछ ही दिन शेष थे, बाहर से आया एक व्यापारी उसका मुँह माँगा दाम लगा दिया था। पत्नी के हठ और घर में अन्न के लाले देख भोला अत्यन्त क्षुब्ध था, भूख से बिलबिलाते बच्चों के दुःख को देखता तो बेचने को उद्धत हो उठता किन्तु जैसे ही उसकी दृष्टि चुलबुली पर पड़ती तो बेचने का समग्र इरादा टूटी हुई टहनी सा ध्वस्त हो उठता।

उसके विस्तृत थन को देख बरबस ही लोग सम्मोहित हो आते। यही कारण था कि उसका चालीस हजार दाम तक चढ़ चुका था।

रात्रि के करीब दस बजे होगे । यशोदा बच्चों को दाल का जूस पिलाकर सुला दी । पति पत्नी के लिए कुछ न था । उधार के नाम पर पड़ोसी भी न सुनते यही सोचते कहाँ से लौटाएंगे । यशोदा ने आहिस्ता कहा – "स्वामी ! गाय ब्याने में समय है । कब तक भूखे रहेंगे ? दीनू ने जो गेहूँ दिया था वह भी ख़त्म हो गया । मैं प्रकाश के घर तीन बार जा चुकी बस बहाने मारता है । आपका भूखों सोना अच्छा नहीं लगता ।

तुम्हारा भूखा रहना रुचता है क्या..........? भोला की आँखें नम थी, क्या करूँ, एक चुलबुली के अलावा कोई सहारा नहीं दिखता । क्या कहूँ यशोदा बेचने की बात से मेरा हृदय तड़प उठता है । और रूह काँप उठती है । आत्मा चीत्कार उठती है । मृत्यु स्वीकार है किन्तु उसे बेचना नहीं । यशोदा जानती थी कि चुलबुली स्वामी को अतिप्रिय है । वह अपना हठ वापस ले लेती है ।

ईश्वर जिसे दुःख देता है तो चारों तरफ से, भोला का लड़का सुशील कोई दस वर्ष का होगा । वह विद्यालय से लौट रहा था, एक साथी के निर्देश और फल के लालच में अमरुद के पेड़ पर चढ़ गया । तभी रखवालों की दृष्टि उस पर पड़ी और वे चिल्लाये सुशील डरकर पेड़ से कूद पड़ा । चोट से सिर फट गया और रक्त बहने लगा । यह सूचना भोला को मिली तो काटो तो खून नहीं, गरीबी में आटा गीला होता है, ईश्वर क्या करूँ..........? पैसे कहाँ से मिलेंगे ....? दिमाग की चोट है । सबने सलाह दी शहर के बड़े डॉक्टर को दिखाओ । पैसे की व्यवस्था कैसे हो, अपने जानने वालों से हाथ फैला चुका, किन्तु किसी ने सौ - पचास रूपये तक उधार न दिये । सूदखोर सहतू ने कहा – "बच्चे को मार डालोगे क्या......? देखते नहीं सिर से कितना खून निकला है । भोला को माख आ गयी और रो पड़ा.......क्या करूँ भैया, पैसे कहाँ हैं ?

मुस्कुराते सहतू बोला – "बेटे से बड़ी तुम्हारी गाय नहीं है भोला, कैसे कसाई बाप हो ? गाय न बिके बेटा भले ही चल बसे।

ठीक ही तो कहते हैं, तुम्हें बेटे की कसम है गाय को बेच कर बेटे को बचा लो। यशोदा बोली।

इतनी जल्दी कौन लेगा ? रुपयों की आवश्यकता तो अभी है। छि : छि: बेचने को कौन कहता है ? उसे मेरे पास गिरवी रख दो, पैसे हो जाँय तो छुड़ा लेना। सहतू ने कहा।

गाय गिरवी रख दी गयी। जाते समय चुलबुली ने मालिक को भावुक दृष्टि से देखा तो भोला ने उसके मस्तक को सहलाते हुए कहा – "बेच नहीं रहा हूँ तुम्हें शीघ्र ही छुड़ा लूँगा। उसने कभी धन्नों को भी छुड़ाने की बात कही थी किन्तु वह सूद में ही चली गयी। उसका हृदय धड़क उठा....कुछ भी हो मैं चुलबुली के बगैर न जी सकूँगा।

बेटे को शहर के सरकारी अस्पताल में भर्ती करना पड़ा। भोला सोचने लगा लाला के पैसे किसी भी सूरत में लौटाने हैं। मैं अपने हिस्से की जमीन बेच सकता हूँ किन्तु............., नेत्र से आँसू चू पड़े। यशोदा ने पति को भावुक देखा तो समझ गयी.........ये आँसू बेटे की बीमारी के नहीं बल्कि चुलबुली के बिछोह के हैं। वह पति को दुःखी नहीं देख सकती थी। उसने निश्चय किया कि कल बेटे को अस्पताल में देखने उसके भाई आ रहे हैं वह उनसे पैसों के सहयोग की बात करेगी।

यशोदा ने भाइयों से उधार पैसे मांगे किन्तु कोई न कोई बहाना कर तीनों मुकर गये। सच कहा गया है बुरे अवसर पर छाया भी साथ छोड़ देती है। भाई चले गये तो वह अस्पताल में ही बने मंदिर में जाकर माँ दुर्गा से बोली– "माता ! अभी और कितनी परीक्षा देनी होगी ?

भोला दिन और रात न कुछ खाया न पिया, उसके नेत्र पर बस चुलबुली थी, वह उसके गिरवी रूपये से कुछ न खायेगा।

उधर चुलबुली भी कुछ न खायी, न जल ग्रहण किया। दूसरे दिन हठ और बलपूर्वक सहतू खिलाना चाहा तो उसने आत्मरक्षा में सींग चला दी, सींग सहतू के बाई आँख में जा घुसी वह तिलमिला उठा, और घर से लाठी लाने दौड़ा। निर्दयता से लाठियों की बरसात को चुलबुली ने सहन कर लिया। वह चाहती तो भाग निकलती किन्तु ऐसा करना मालिक के प्रति वफादारी न होती उसे मालिक ने भेजा था।

देर रात तक भोला सोचता रहा। साहूकार का पैसा लौटाना है किन्तु कोई सूरत नजर न आ रही थी, तभी अस्पताल के भीतर प्रविष्ट होते एक रिक्शेवाले को देखा। वह उसके समीप आते बोला – "क्या मुझे भी रिक्शा चलाने को मिल जायेगा।

हाँ.....हाँ, क्यों नहीं....उसने उसे रिक्शा किराये पर दिला दिया। अथक श्रम से रोज के डॉक्टर और दवा के पैसे रिक्शे से निकालने लगा।

बच्चा ठीक हो चुका था, वह आठवें दिन गाँव लौटा तो सीधे सहतू के घर पहुँचा। उसकी दृष्टि चुलबुली पर पड़ी तो मानों खून ही सूख गया हो। कमजोर जैसे महीनों की बीमार हो, ब्याने के दिन समीप थे और इतनी कमजोर। सहतू ने उसे देखते ही कहा - 'तुम अपनी गाय ले जाओ वरना मर जायेगी और गो हत्या का भागी ऊपर से होऊँगा। उसने उसके पैसे सूद सहित वापस दिये तो सहतू ने सूद वापस करते कहा – "भैया भोला ! आज से मैं सूद पर पैसे नहीं दूँगा तुम्हारी गाय ने मेरी एक आँख फोड़ दी............लाख कोशिश किया किन्तु न खायी, बस तुम्हारे लिए कलपती रही, ऐसा प्रेम देख मेरा हृदय बाग़ – बाग़ हो चुका है।

चुलबुली घर आयी, और सातवें ही दिन एक बच्ची को जन्म दिया। वह इतना दूध देती कि भोला का घर पीता और बाजार भी ले जाता। चुलबुली ने भोला के दिन बदल दिये। अब वह गरीब नहीं रहा, लड़का भी बड़ा हो गया। वह फौज में अधिकारी है। गाँव में अच्छा मकान है यशोदा के पास सभी तरह के गहने हैं। भोला अब रिक्शा नहीं चलाता बल्कि पिछले वर्ष बेटे की शादी में स्कूटर पाया है। आवश्यकतानुसार शहर उसी से जाता है। जब तक चुलबुली है तब तक समझो भोला के यहाँ दो परदेशी बाहर कमा रहे हैं। वह नौ से दस लीटर दूध देती है। भोला इतना खुश है कि शायद ही कोई उतना खुश हो।

अनाथ

'एक रूपये दे दो, ईश्वर आपका भला करेगा। तोतले शब्दों में बोला – उसके तोतले मीठे स्वर ने मुझे आकृष्ट कर लिया। चार वर्ष की उम्र का एक बालक जो मुंबई के मुम्बा देवी मंदिर के पास सड़क के चौक पर दाहिने किनारे एक मटमैले बिस्तर पर बैठा था। इस चौक से एक मार्ग मंदिर तो दूसरा अब्दुल रेहमान स्ट्रीट से होता कालवा देवी तीसरा भुलेसर चौथा झाबेरी बाजार को जाता था। घनी आवादी का यह क्षेत्र मुंबई का प्राण समझा जाता। यहाँ नाके – नाके पर सड़कों के किनारे भिखारियों के झुण्ड बैठे आने – जाने वालों पर ललचाई दृष्टि गड़ाये, कुछ पाने को इच्छुक रहते थे।

छोटे भिखारी के साथ पंक्तिबद्ध बैठा दूसरा याचक, लंगड़ा तीसरा, अँधा और कोढ़ी था। मैंने दो – दो रूपये उन तीनों के पात्र में डाला। बालक को देखते ह़ी न जाने क्यों ह्दय में अपार करुणा उमड़ी।

वह बच्चा भी सबसे नजरें छिपाकर मुझे ही देख रहा था। ऐसा प्रतीत होता है जैसे वह पूर्व परिचित हो। उसके मैले – कुचैले आसन पर दस रूपये का सिक्का फेंकते ऐसा दर्शाया कि बच्चे पर विशेष अनुग्रह है। अभी कुछ ही आगे बढ़ा था तभी भिखारी बच्चे ने पुकारा –'बाबूजी.......!" चौंक कर पीछे देखा तो उसके हाथ में वही सिक्का जो मैंने फेंका था। उसने कहा – 'इसे रखकर, एक रूपये का सिक्का हो तो हाथ में दीजिए।' वह 'स' को 'त' बोलता क्योंकि कुछ शब्द तोतले ढंग से कहता था। जो सुनने में कर्ण प्रिय लगता। एक रूपये अधिक हैं या दस ....विस्मय से मैंने पूछा। दी...........
'दस।' बालक ने कहा।

तो तुम एक क्यों चाहते हो ....?"

बाबूजी ! जो बड़े थे, उन्हें कम दिया और मुझे............। मैंने तो केवल एक का ही सिक्का माँगा था।"

मैं हँसते हुए उस खुद्दार बालक की आँखों में झाँककर देखा – "जैसे आँखों में अनेकों रहस्य छिपे हो, मलिन, चिंताग्रस्त मासूम चेहरे पर कभी भी मुस्कान न आयी हो। फटे – पुराने गंदे वस्त्र पहनने के पश्चात् भी उसके मुख पर आकर्षण था। उसके शरीर पर पेट के पास फटी बदबूदार गन्दी बनियान और नीचे मैला नेकर था। उस बच्चे के गंदे – मैले वस्त्र के भीतर निर्मल आत्मा स्पष्ट दिखती थी।

मैंने उसे एक रूपये का सिक्का देते पूछा – "भीख क्यों माँगते हो....?"

"उसकी आँखें भर आयी थी। कुछ क्षण मौन कभी शून्य तो कभी लंगड़े भिखारी को देखता रहा, जैसे कुछ सोच रहा हो। तभी बोला – "कोई आपसे पूँछे कि साँस क्यों लेते हो ? यह मेरी वृत्ति है बाबू, अरे.....! उसे वृत्ति का तात्पर्य मालूम है ? इतना छोटा बच्चा और इतना ज्ञान ?

'बेटा ! तुम्हारे बापू कहाँ हैं ?'

उसके कुछ कहने से पूर्व लंगड़ा बोल पड़ा – 'मैं हूँ, जो पूछना हो मुझसे पूछो ऐसे पूछ रहे हो जैसे कोई रिश्ता हो।" इस समय उसकी आँखों में याचना नहीं बल्कि आक्रोश था। बड़ी – बड़ी गुल्ले सी आँखें निकल आयीं थी। जैसे मुझे निगल जाएगा। मैं सोच ही न पाया था कि ऐसी क्या गुस्ताखी हुई ? बिना कुछ पूछे सीधे माँ के मंदिर चला गया। अब मैं माँ मुम्बा देवी के समक्ष हाथ जोड़े खड़ा था। माँ के दर्शन के लिए ही मैं जौनपुर से गया था। ममतामयी माँ की दिव्य प्रतिमा को देखा तो देखता रहा। सहसा बच्चे का स्मरण हुआ, कैसा प्यारा बच्चा है, माँ ! भोला – भाला सुंदर सौम्य बचपन तो पढ़ने और खिलौनों को खेलने के लिए होता है लेकिन वह बेचारा भीख मांग

रहा है। सुना था माँ कभी निर्मोही नहीं होती, 'माता कुमाता न भवति।' मुझे पूर्ण विश्वास है माँ कि वह लंगड़े का बेटा नहीं हो सकता। किसी भाँति वह मुझे मिल जाता तो मेरी पत्नी की उम्र बढ़ जाती उसे पाकर वह फूली न समाती। संतान से श्रेष्ठ सुख क्या हो सकता है ? मुझसे – बेहतर कोई न जानता।"

तुम मुझे आर्शीवाद दो माँ की वह लड़का मुझे मिल जाये। मैं उसे लेकर सीधे गाँव चला जाऊँगा। पत्नी रीमा को बताऊँगा कि तेरा खोया बेटा मिल गया तो ख़ुशी से पागल हो उठेगी। वह हाव – भाव और मनुहार से मेरा मोनू बेटा लगता है, मेरी आँखें भर आयीं थी, नेत्र पर मोनू का बाल रूप तैरने लगा था। जैसे – तैसे मन को समझाया, इस बार मैं अपने चचेरे भाई के यहाँ रुका था। दूसरे दिन भी माँ के दर्शन को जा रहा था। उस दिन भी भिखारी उसी तरह से भीख मांग रहे थे। सबको दो – दो और लड़के को एक का सिक्का दिया तो लड़का मुस्कुराया और निरंतर मुझे देखता रहा। जैसे कुछ कहने को व्यग्र है। तभी वह बोला – "बाबू जी ! 'ईश्वर आपका भला करें।"

कहीं, मुझे तेरी दुआ लग जाती, मन ही मन बड़बड़ाया। लंगड़ा मुझे पहचान चुका था। वह कुछ कहता उससे पूर्व ही वहां से चला गया। बच्चा मेरी नज़र में गड़ गया था। किसी के प्रति इतना आकर्षण प्रथमतः मन में उपजा था। लंगड़े के भय से उसका नाम पूछना भूल गया। मुझे तीन दिन ही रुकना था, लेकिन बालक के सम्मोहन ने सप्ताह भर रुकने को विवश कर दिया। सोते – जागते उसका तोतला, हंसमुख, आकर्षक चेहरा नेत्रों पर छाया रहता है। और न जाने क्यों मेरे मोनू की झलक दिखाई देती। जैसे – जैसे गाँव लौटने का समय करीब आने लगा वैसे – वैसे उस सड़क से आना – जाना बढ़ा दिया। न जाने क्यों उस लंगड़े से भय लगता। उसके समक्ष लड़का भी आत्मपीड़ा बयान नहीं करता। ईश्वर से यही प्रार्थना थी कि किसी दिन लंगड़ा

न आता तो वह बहुत कुछ जान सकता था। घर आने के दो दिन शेष थे, रात को ही तय कर लिया कि कल दिन भर उसी लड़के के इर्द – गिर्द रहूँगा।

प्रातः का नाश्ता किया कि चलता बना। अरे ! आज तो न लड़का है न लंगड़ा। सामने के रेस्टोरेंट में चाय की चुस्कियाँ लेते सोचने लगा। अभी तो दस ही बजे हैं, आते होंगे। जब ग्यारह बज गये तो निश्चित हो गया कि नहीं आयेंगे। लंगड़े के स्थान पर दूसरा बैठा था। भिक्षा देने के पश्चात् पूछा – "आज लड़का नहीं आया है ?

'नहीं रात को नजर छुपा कर लड़का जाने कहाँ चला गया।' उसने कहा।

'और लंगड़ा ....?

नाके – नाके पर उसके आदमी खोजने को लगे है और खुद भी खोज रहा है। उसके नेटवर्क से वह बच न सकेगा। वह बहुत खतरनाक है।

कोढ़ी ने कहा – "बाबू जी ! उसे आप पर संदेह है।

'मुझ पर ! आश्चर्य से पूछा।"

'हाँ......हाँ, आप पर, बेहतर होगा कुछ दिन इधर न आयें। वह बहुत खतरनाक है।'

'तो क्या......, वह उसका बेटा नहीं था ?"

नहीं बाबू जी, नहीं। वह छोटे बच्चों को बहला – फुसलाकर चुराता है फिर किसी के पैर काट देता या आँख फोड़कर चोरी कराता है। इस बच्चे को उसकी पत्नी बहुत मानती है जिससे बच गया। वह पचास से साठ गुर्गों को भीख, जेबकतरी और जहर खुरानी के कार्य में लगा रखा है। पुलिस को हफ्ता देता है, लंगड़ा न होता तो न जाने क्या करता। उसके पास अपार दौलत है बाबूजी।"

मैं सीधे कमरे पर लौट आया। मन में घबराहट थी। सच कहा गया है - "चले थे रोजा रखने नमाज गले अटकी। लड़का न जाने कहाँ चला गया आरोप मुझ पर मढ़ रहा है।"

रात को सोने गया तो बालक का भोला – भाला, मासूम, हंसमुख चेहरा आँखों पर उतर आया। जैसे कह रहा हो – आप के घर चलूँगा बाबूजी मुझे पढ़ायेंगें, खिलौने और ढेर सी मिठाईयाँ लायेंगे। उस दिन एक गुब्बारा बेचने वाले को आतुरता से निहार रहा था तो मैंने दो गुब्बारे खरीद उसे दे दिये थे। लंगड़ा कुटिल दृष्टि से मुझे ताक रहा था। उसे देखने से ऐसा लगता जैसे वह मेरी राह निहारता रहता है। मुझे देख उसका मन खिल उठता। सहसा स्मृतियों से आती उसकी यादें अन्तर्मन को उद्देलित करने लगी थी। निश्चित ही उसे भी मेरी याद आयी होगी, न जाने कहाँ और किस स्थिति में होगा, भूखा – प्यासा परेशान दर – दर भटकता होगा। हे ईश्वर ! उस लंगड़े को दण्ड जरुर देना, उसने न जाने कितने अबोध बच्चों के सिर से माँ - बाप का प्यार, दुलार छीन अपाहिज बनाकर अपनी रोजी का साधन बनाया हुआ है ? अपने बच्चे की, फिर पत्नी रीमा की, जो बेटे के लिए दिन – रात कलपती रहती है के विषय में सोचने लगा। पाँच वर्ष पूर्व की बात है जब मैं पत्नी के साथ यहाँ घूमने आया था। हैगिंग गार्डेन में दोनों बैठे बातें कर रहे थे। तीन वर्ष का मोनू मेरी गोद में था। वह छोटे बच्चों के साथ खेलना चाहता था। मेरे मना करने पर भी पत्नी ने कहा – खेलने दो हम तो यहीं हैं।'

कुछ देर बाद ढूँढने लगे तो न मिला आस-पास हर झाड़ी हर – जगह छान मारने पर भी न मिला, रीमा ने थाने में रिपोर्ट दर्ज करायी लेकिन सब व्यर्थ रहा। ढूँढने में कोई भी कसर न छोड़ी पर न मिला। वह आज होता तो इसी बच्चे की उम्र का होता, निश्चित ही लंगड़े ने मेरे बच्चे को भी चुराया होगा सुबह उससे पूछूँगा, मेरा बेटा वापस कर दो मुँह माँगी कीमत दूँगा। सहसा

कोढ़ी की बात का स्मरण होते ही हृदय धड़क उठा और रूह काँप सी गयी। वह बच्चों से भीख मंगवाने हेतु उन्हें अंधा, लंगड़ा या अपाहिज बना देता है। उनके विरोध करने पर लोहे की गर्म सलाखों से दागता और गर्म खौलता पानी डालता है। (रोते हुए) मेरे मोनू के साथ भी उस राक्षस ने ऐसा ही बर्ताव किया होगा। पुलिस है कि चंद रुपयों के लालच में ऐसे जघन्य अपराध को देखते, जानते, सुनते हुए भी अनदेखी करती है क्योंकि उसका मोटा पेट भरता ही नहीं। सरकार इतने पैसे देती है फिर भी हफ्ते की लालच में कोई कार्यवाही ही नहीं करती। पाँच वर्ष पूर्व दर्ज एफ.आई.आर. का क्या हुआ..........सब कुछ ठण्डे बस्ते में चला गया। वह ही सक्रिय होती तो आज गली चौराहों पर लंगड़े, लूले, अपाहिज बच्चे जो लाचारी का दंश झेलकर भिखारी का चोला ओढ़े दे दो.......दे दो, भीख न मांगते होते। धिक्कार है ऐसी व्यवस्था और व्यक्ति पर।

मोनू को याद कर मेरी पत्नी सदैव रोती कलझती रहती है। उसकी आह ! कभी भी व्यर्थ न जायेगी, एक न एक दिन लंगड़े को उसके किये की सजा जरुर मिलेगी। रात के ग्यारह बजे होगे सब खा पीकर सो चुके थे, मुझे नींद ही न आ रही थी। कोढ़ी के प्रत्येक शब्द मुझे बराबर चुभ रहे थे। वह भिखारी बच्चा.....न जाने कहाँ चला गया, उसे कहाँ ढूँढूँ.......? मुंबई के इतने विशाल महानगर में किसी को ढूँढ पाना मुश्किल है। गंदे दुर्गन्ध भरे कपड़ों में भी उस भिखारी बच्चे की आत्मा कितनी चैतन्य थी। उसकी वाणी में करुणा का सुखद प्रवाह दिखता था। न जाने कब उसकी आँख लग गयी। समक्ष वही लड़का खड़ा था। मैंने पूछा – "तुम.......? हाँ हाँ मैं, मुझे बचा लो साहब, लंगड़ा मुझे मार डालेगा। वह कसाई है। जल्लाद है........इतना कह वह जोर – जोर से रोने लगा, तभी चिल्लाया – वो – वो आ रहा है। मुझे बचा लो बाबू जी, मुझे अपने घर ले चलो आपके जूते पॉलिश करूँगा। पेटभर रोटी के

सिवा कुछ भी नहीं चाहिए। बच्चा एकदम से घबराया हुआ था। मैंने उसे सांत्वना देते कहा – "डरो मत बेटा.......। मैं हूँ। मैं तुझे अपने साथ गाँव ले जाऊँगा। अब तुझे बूट पॉलिश की जगह पढ़ा लिखा कर नेक इन्सान बनाऊँगा।

लड़का – "नहीं बाबू जी, ...इतनी बड़ी कहाँ है मेरी भाग्य ?" ठीक उसी समय मेरे छोटे भाई ने मुझे जगाते हुए कहा – "उठो भैया ! दैनिक कार्य सम्पन्न कर तैयार हो जाओ सुबह आठ बजे की गाड़ी है। गाड़ी छूट गयी तो मुश्किल होगी। उठने पर कहीं कुछ भी न था। कुछ था तो उस मासूम भिखारी बच्चे की यादें । वह झटपट तैयार हुआ और भाई के साथ स्टेशन जाने लगा। रास्ते में छोटे बच्चों को देखता तो उसका हृदय धड़क उठता कि यदि कहीं वह भिखारी लड़का दिखता तो उसे साथ घर ले जाता। निश्चित ही मेरे मोनू के जैसा लगता था। अब वह प्लेट फार्म पर पहुँचा, जहाँ गाड़ी खड़ी थी। बैठने के दस मिनट बाद गाड़ी चल पड़ी। रास्ते में जब कम उम्र का कोई आवाज लगाता तो मैं चौंक उसे देखने लगता कि वही तो नहीं है। जैसे – जैसे मैं प्रयागराज – जंक्शन की तरफ बढ़ रहा था कि मेरी विवशता मुझे कोस रही थी कि तू चाहता तो उस लड़के को हासिल कर सकता था। लंगड़े को पैसे का लालच दिया होता तो वह लड़का दे देता। मैं अपनी भूल पर पश्चाताप करता रहा। वह मेरा ही मोनू था, न जाने कहाँ और किस दशा में होगा ? यदि लंगड़े के हाथ पड़ा तो निश्चित उसका काम तमाम कर देगा।

जौनपुर शहर में ही मेरा आवास था। मैं अभी घर में घुसा ही था कि पत्नी ने पूछा – कहीं भी मोनू नहीं दिखा..........? मैं उसे कुछ भी बताना उचित न समझा। वह व्यर्थ में रोती। मैंने कहा नहीं, वह रोने लगी। तभी स्मरण हुआ कि वह पाँच वर्ष पूर्व आज के दिन ही खोया था। माँ ने उसे

समझाते हुए कहा – "अतीत को क्यों कुरेदती हो बेटी, उसका इतना ही साथ था तभी तो खो गया। मैंने भी माँ का समर्थन किया।

मैं पत्नी को बच्चे के संदर्भ में बताना उचित न समझा, यदि बता देता तो उल्टे पाँव पुनः मुंबई जाना पड़ता।

जौनपुर के एक कॉलेज में इतिहास का प्रवक्ता था। गाँव में भी अच्छी खासी खेती और शहर में दो अच्छे मकान, एक में पत्नी के संग रहता तो दूसरा किराये पर ईश्वर का दिया सब कुछ होते हुए भी संतान का अभाव है।

दिन बीतते गये। न जाने क्यों हृदय को लगता कि कहीं न कहीं भीख मांगने वाला वह बालक अवश्य मिलेगा। जब कभी सोचता विस्तृत भारत में किसी को खोज लेना सहज नहीं। सहज ही होता तो अपना ही तीन वर्ष का बालक न खोज लेता।

कोई भी दिन ऐसा न होगा जब रीमा पुत्र के बिना न रोई हो। दर्शन की एक पुस्तक में पढ़ा था कि मृत आत्माओं को मानव शनैः शनैः भूल जाता है लेकिन जीवित आत्माओं का स्मरण समय – समय पर करता है और मिलन को लालायित होता है। क्षण भर के मिलन से जो लगाव उस बच्चे से हुआ और अपने हाव – भाव की छाप उसने मन पर छोड़ी शायद ही तीस वर्ष के शिक्षण एवं किसी अवसर पर किसी छात्र – छात्रा ने छोड़ी हो। आज उससे बिछुड़े पाँच वर्ष हुए होंगे। मैंने मोनू को कहाँ नहीं ढूँढा। प्रतिवर्ष मुंबई जाकर वहाँ गली – सड़कों बाजारों, स्टेशनों का ख़ाक छाना पर कहीं न दिखा। बगैर नाम पता के ढूँढना तो ठीक वैसे है जैसे हवा में तीर छोड़ना। ढूँढ – ढूँढ कर थक जाने के बाद भी जैसे आशा मृत नहीं हुई थी। आत्म विश्वास दृढ़ था। पिछले वर्ष जब लंगड़े के अड्डे पर गया तो कोढ़ी ने बताया – "वह गाड़ी के नीचे कुचलकर मर गया, उसकी पत्नी भी साथ थी।

मैंने पूछा – "उसकी सम्पत्ति........।"

कोढ़ी – "सरकार ने ले ली।"

"क्या बच्चा मिला था ? मैंने पूछा

"अरे बाबू, पिंजरे से आजाद पंछी क्या पिंजरे में सिर डालना चाहेगा।"

लोभ देते मैंने कहा - "उसके संदर्भ में बताने वाले को पचास हजार रूपये दूँगा।"

कोढ़ी – "अरे बाबू ! लंगड़ा तो एक लाख का ईनाम रखा था। तिल भर का छोकड़ा न जाने कौन सी बिल में घुस गया कि मिला ही नहीं। मुझे तो लगता है मुंबई में है ही नहीं, होता तो ढूँढ लिया गया होता।"

पत्नी की इच्छा गोदावरी स्नान और पंचवटी दर्शन की हुई। उनके इस प्रस्ताव का स्वागत किया। सात वर्ष में प्रथम बार कहीं जाने की इच्छा व्यक्त की थी। तात्कालिक योजना के नाते तत्काल टिकट ही लेना पड़ा। पत्नी के साथ की यह यात्रा सुखद थी।

प्रातः दस बजे नासिक स्टेशन पर गाड़ी जा लगी, थकान हो रही है मैंने कहा – "स्टेशन के समीप ही अच्छा होटल है। स्नान ध्यान कर शाम को पंचवटी चलेंगे।"

पत्नी बोली – "हम सीधे पंचवटी में ही होटल लेंगे। यहाँ रुकने की आवश्यकता नहीं। लगभग दो बजे हम पंचवटी के एक होटल में पहुँचे। सामान कक्ष में सजाया, स्नान, ध्यान के पश्चात् रात आठ बजे दोनों घूमने की नियत से निकले। सजी संवरी दुकानें थी। यात्रा से जूते गंदे हो गये थे। मैंने कहा – "बूट में पॉलिश करा लूँ।"

रीमा – "हां ! हां !! करा लो तब तक मैं कुछ चूड़ियाँ और प्रसाधन सामग्री देख लूँ।

जूते को मोची के समक्ष रखते कहा – "खूब चमकाना।"

मोची -"पूरे बीस लगेंगे तो मुख देख लीजिएगा।"

ठीक है, मैं बीस रूपये दूँगा। तभी फोन पर बात करने लगा। बहन का फोन था जो देर तक बात होती रही, तभी मोची बोला –"देख लो बाबू जी, शीशे सा इतना चमका दिया हूँ कि मुँह देख लें। आवाज जानी पहचानी लगी तो देखा। उससे पूर्व बीस का सिक्का उसके बिस्तर पर फेंक चुका था। विनम्र स्वर में उसने कहा – "ये अच्छा न लगा साहब मेहनत के पैसे भी आप ऐसे फेंक रहे हैं जैसे भीख के हों।"

अरे ! अरे !! तुम वही हो क्या जो मुम्बा देवी के पास मुंबई में मिले थे?

दस रूपये बिस्तर पर फेंकते ही कहा था – फेंका हुआ पैसा नहीं लेता। मुझे दस नहीं एक रूपया हाथ में दीजिए।

मैं उसका मुख ताकने लगा।

रुपया हाथ में देते पूछा – 'कहीं तुम वही तो नहीं जो लंगड़े के साथ............भीख मांगते देखा था।

वह ख़ुशी से उछल पड़ा – बाबू जी ! आप यहाँ भी ....?

सीने से लगाते मैंने कहा – "तुझे कहाँ नहीं ढूँढा......,वादा करो बेटा कि अब साथ रहोगे ?

'कहाँ आप और कहाँ मैं.......? उसने कहा।

तुम्हारा स्थान तो मेरे हृदय में है बेटा, जो हृदय में रहता है वह छोटा कहाँ हो सकता है ? चार वर्ष में तुममें कितना परिवर्तन हो गया ?

परिवर्तन तो प्रकृति का नियम है बाबू जी ....। इन आँखों ने तो कदम – कदम पर बदलाव, बिखराव और संघर्ष देखा है। मुझे पूर्णतः स्मरण है बाबू जी जब आप सामने से गुजरते थे। उस समय लंगड़े के आतंक से कुछ न

कहता। रात्रि के मध्य प्रहर में भागने के पश्चात् इच्छा थी कि आप मिल जाते तो बेसहारे अनाथ को कुछ सहारा मिल जाता।

सिसकते हुए – 'बेटा ! तुझे कहाँ नहीं ढूँढा ....?" वह हक्का – बक्का उनका मुँह ताक रहा था। तभी बोला – "बाबू जी......! अधीर न हों, अब मैं अनाथ नहीं हूँ.........। मेरे पास माँ है, माँ, आप यह सोचते हो कि आपके साथ चलूँगा तो यह संभव नहीं। इस सृष्टि पर कोई यदि प्रिय है वो माँ........।

'माँ' शब्द रीमा के कानों में पड़ी। वह भी वहां पहुँच चुकी थी। उन्हें तो पहले के किसी घटना का बोध था नहीं, उन्होंने मुझसे उसके विषय में जानना चाहा।

तभी वह मुस्कुराते बोला –"आप भी सर...., रात गयी तो बात गयी।"

मैं समझा नहीं, तुम वहां से क्यों भाग आये ? दूसरे – तीसरे दिन मैंने तुझे बहुत ढूँढा तो कोढ़ी ने बताया कि वह भाग गया। क्या वह तुम्हारा असली नाम नहीं था ?

आप भी..........., कोई भी बाप अपने बेटे से भीख मंगवाना चाहेगा ? भले ही वह गरीब और भिखारी हो। उसने मुझे इतना दुःख दिया है कि......इतना कहते वह रोने लगा पुनः संयमित होते बोला – "मेरे पीठ पर जले कटे के इतने निशान हैं कि आप गिन न सकेंगे। खुदा का यही शुक्र है कि मेरे सभी अंग सही सलामत है, यह सब उसकी औरत की कृपा है वरना वह बच्चों के पाँव काट देता है जिससे भाग न सकें।

मैंने कहा – "तुममें मैं अपने खोये बेटे को तलाशता हूँ जो कभी खो गया था।"

बाबू जी, मेरी भाँति अनेकों बच्चे थे जिसे वह चुरा कर अंग – भंग कर भीख माँगने को विवश करता। सभी उसके लिए भीख मांगते थे।

रीमा रोते हुए बोली – "तुम्हें अपने माँ – बाप के संदर्भ में पता है ?"

नहीं माँ, इतना ही जानता हूँ कि प्रत्येक अनाथ के माँ – बाप ईश्वर हैं तभी तो उस पापी के चंगुल से मुक्त हो सका। सुना है कि वह मर गया।

मैंने अहिस्ता पूछा – "तुम मेरा बेटा बनना स्वीकार करोगे ?"

नहीं बाबू जी, मेरे पास माँ है। उसका सहारा भी एक मात्र मैं हूँ।

लेकिन, उस समय तो नहीं थी ?"

"पर आज है। जीवन में लोग मिलते और बिछड़ते हैं।"

तभी रीमा सिसकते बोली – "कहीं तुम मेरे मोनू तो नहीं....वह होता तो तुम्हारी ही उम्र का होता।"

लड़के की आँखें अश्रुपूरित थी, वह बोला– "माँ आप रो रही है..........?"

तुम्हारे माँ कहने से मेरा हृदय असंयमित हो रहा है बेटा। क्या तुम अपनी शर्ट उतार सकते हो ....?

बालक – "क्यों नहीं उसने शर्ट उतार दी, तभी रीमा सिसकते हुए उसे अंक में भरकर चूमने लगी। मैं अवाक उस दृश्य को देखता रहा। रीमा पागलों सी कहती तू ही मेरा मोनू है। बचपन में तू खेलते – खेलते नल के पास गया और नल की कील पीठ में धंस गयी थी। वह निशान आज भी है। चलो बेटा.....।

उसने कहा – मेरी माँ तो – वह भी चले। अब तुम अनाथ नहीं हो बेटा।"

दगाबाज

झारखण्ड के सिमडेगा जिले की घटना है, प्रेम की सुचिता को तार – तार करने वाला प्रदीप, कॉलेज से लौटती सीमा को देखा तो उसके उर में वासना का उत्स फूट पड़ा। सीमा थी भी अद्वितीय सुंदर, नाज नक्श तो ऐसे थे जैसे ब्रह्मा ने फुर्सत में बनाया हो। गुलाबी कमीज, श्वेत सलवार और सागरीय रंग का दुपट्टा उसके बदन पर चार चाँद लगा रहा था। मुख पर सुकोमलता और असीमित तेज था। कजरारी सुघर आँखें वृहद और आकर्षण युक्त थी। प्रातः की अरुणिम आभा की भाँति आनन था।

स्नातक प्रथम वर्ष में प्रवेश लेने से, साथ आने वाले घर के छोटी कक्षाओं में पढ़ने वाले बच्चों का साथ छूट गया। अब सीमा को अकेले ही साइकिल से कॉलेज जाना पड़ता। लौटते समय कुछ दूर तक सहेलियों का साथ रहता। पढ़ाई में वह अव्वल थी कक्षा में उसे प्रथम स्थान मिला था इसीलिए परिवार के कुछ सदस्यों के रोकने पर भी उसके माँ – बाप उसकी पढ़ाई प्रारंभ रखे। उन्हें विश्वास था कि एक न एक दिन वह ऊँचाई तक पहुँचेगी। कॉलेज के अध्यापक एवं छात्र – छात्राओं को भी उस पर गर्व था। वह प्रायः कॉलेज में होने वाले कार्यक्रमों का संचालन करती। कॉलेज के सहपाठियों में आदर और सम्मान था। अच्छे – परिवार के लड़के उससे विवाह की कामना करते।

होनी प्रबल होती है, राज्याभिषेक होते – होते श्री राम को वनवास होगा यह होनी का ही कुचक्र था। शनिवार की शाम थी, छिटपुट बादलों से मौसम हसीन था। एक पुलिया की पीठ पर बैठे प्रदीप ने सीमा को देखा तो देखता रह गया, एक्सक्यूज मी ! यू आर सीमा.......?"

'येस व्हाट इज मैटर।'

आप किरण की सहेली हैं ? प्रदीप ने सोफिया अंदाज में पूछा।

"किन्तु आपको कैसे मालूम ? उसने पूछा।"

म....य....मैं उसे करीब से जानता हूँ। वह तुम्हारे गुणों की प्रशंसा करते नहीं थकती, शायद यही कारण है कि मैं अपरिचित होते हुए भी परिचय करने हेतु विकल था। मैंने जितना सुना था उससे कई गुना योग्य हो। वह मुस्कुराई और थैंक्स कह चली गयी।

प्रदीप पढ़ा लिखा कम होते हुए भी चालाक अधिक था। माँ – बाप की इकलौती संतान होने से लाड़ – प्यार अधिक मिला और बुरे लोगों के साथ होने से पढ़ न सका। बाजार में उसकी चलती किराने की दुकान थी। जिस पर माँ और बाप बारी – बारी बैठते। इंटर तीन वर्ष में उत्तीर्ण क्या किया कि पढ़ाई से ही सन्यास ले लिया वह अग्रिम वर्ष की कॉपी किताब समीप के एक कुँए में फेंक, घर से दिल्ली भाग गया। लगभग माह भर माँ – बाप दुखी थे, उन्हीं दिनों उसके कुशलक्षेम को सुना तो उन्हें संतोष हुआ कि वह कुछ करने लगा है। जब गाँव में किसी के पास मोबाइल न था तब उसके पास था। जींस की पेंट, हाथ में मोबाइल और सिर पर देवानंद स्टाइल की टोपी, जिससे अत्यन्त स्मार्ट, आकर्षक एवं चुस्त दिखता।

दूसरी शाम भी वह फिल्म सिटी शूटिंग गये नायक की भाँति सज – धज कर उसी पुलिया पर जा बैठा। अपने को चुस्त एवं स्मार्ट व्यक्त करने हेतु

झूठे मोबाइल कान से लगाये बात कर रहा था। उसकी कुछ बातें सीमा के कर्ण पटल पर पड़ी। सुनो राजेश ! एक लाख रूपये मेरे ऑफिस में जाकर मैनेजर को दे देना। मैं अभी गाँव में हूँ तीन – चार दिनों में पहुँचता हूँ।

सीमा के साइकिल की गति अति मंद थी। वह रुकी नहीं किन्तु उसकी बातें अवश्य सुनने का प्रयास किया। आज उसे स्पष्ट हो चुका था कि वह धनी और स्मार्ट युवक है। मन ही मन सोचने लगी ऐसे ही युवक से शादी की मेरी इच्छा थी किन्तु........। उसने अपने मन को फेर लिया।

तीसरी शाम भी वह उसी पुलिया पर बैठा था। आज भी वह फोन से ही किसी से बातें कर रहा था। साइकिल से उतरते हुए सीमा ने पूछा – "महाशय ! यही मोबाइल है।

(मुस्कुराते हुए) "हाँ – इससे देश – विदेश कहीं भी बातें कर सकते हैं। वह बोला।"

सीमा ने पूछा – "आप मुझे भली भाँति जानते हैं किन्तु आप कौन हैं, क्या करते हैं परिचय तो बताइए ?"

'जी' मैं धन्य हुआ आपने पूछा तो, मुझे प्रदीप कहते हैं। मैं दिल्ली में रहता हूँ वहाँ मेरा ऑफिस और इंटरनेशनल व्यवसाय है।"

'आप यहाँ हैं तो उसे कौन देखता होगा ?' सीमा ने पूछा

'जी' ठीक पूछा। नौकर - चाकर हैं, मैनेजर हैं। कुल दस का स्टाफ है। मुझे एक पढ़ी – लिखी लड़की चाहिए थी जो व्यवसाय संभाल सके। मैनेजर तो साल में लाखों का चूना लगा देता है। उसी पद के लिए किरण से बात किया था वह तैयार तो है, किन्तु होशियार कम है।"

सीमा का हृदय धड़क उठा.......मैं उस कार्य के लिए ठीक रहूँगी। मन ही मन सोचने लगी।

‘माह का क्या वेतन देंगे ?’

सुनों सीमा.....तुम चाहो तो मालकिन की तरह रह सकती हो........न जाने क्यों तुम मुझे बेहद पसंद हो, मिलने को तो हजार लड़कियाँ मुँह बाये खड़ी हैं किन्तु मैं लिफ्ट ही नहीं देता। एक अच्छा दोस्त तो भाग्य से ही मिलता है। सीमा जाने लगी तो प्रदीप ने कहा सोचकर बताना, पुनः वह रुकी और बोली – ‘पापा से पूँछ लूँ बस।

वाह सीमा ! पुराने ख्याल की हो, तुम्हें अपना कैरियर खुद तलाशना है..माँ – बाप तो पैदा करने और पालन तक के ही साथी है। मुझे ही ले लो.......माँ – बाप से चोरी गया था, मेहनत और भाग्य ने साथ दिया और कहाँ से कहाँ पहुँच गया। मैं रोक नहीं रहा हूँ किन्तु किसी भी तरह तुम्हारे माँ – बाप अकेले नौकरी कराने को राजी न होंगे। खैर.........इतना कह वह चली गयी।

मुस्कुराते प्रदीप ने सोचा........दाना फेंका हूँ फंसी तो ठीक है नहीं तो दूसरी चाल चलूँगा।

दोनों का मिलना – जुलना बढ़ता गया...........यहाँ तक सीमा प्रदीप को दिल दे बैठी। अब क्या था वह प्रदीप के इशारे पर नाचने लगी।

“ठिठुरन भरी रात थी, प्रदीप ने कहा – ‘सीमा ! कल प्रातः तीन बजे यहीं प्रतीक्षा करूँगा। चार बजे तक स्टेशन पहुँच लेना है........क्योंकि चार – दस की गाड़ी है। एक बात कहूँ........बुरा तो न मानोगी.......। उसने मुस्कुराते हुए कहा – “आपसे और बुरा.......? स्वप्न में भी नहीं।”

मैं एक फैक्ट्री लगाना चाहता हूँ। पैसों का बंदोबस्त तो हो चुका हैं किन्तु बड़ा काम है कुछ न कुछ अतिरिक्त होना चाहिए। माँ – बाप से मांगने में संकोच इसलिए लगता है कि आज तक जो भी मिलता गया। उन्हें न देकर

व्यवसाय बढ़ाने में लगाया। संभव हो तो माँ जी के कुछ गहने हाथ लगाती चलो। फैक्ट्री चल निकली तो कार से लौटूँगा और माँ जी को गहनों से तोल दूँगा। तुम्हारी मम्मी और पापा का सारा दुःख दूर हो जायेगा।

"गंभीर साँस छोड़ते सीमा बोली – 'है तो टेढ़ा कार्य, देखूंगी।"

प्रदीप– "नहीं........नहीं ....सीमा जोखिम उठाने की आवश्यकता नहीं है। सब ईश्वर पार कर देगा। डोन्ट माइण्ड।"

'धुंध भरी जनवरी की रात थी, बदन को कंपा देने वाली ठण्ड में सीमा घर छोड़ने को तैयार हो गयी। परिवारी जन गहन निद्रा में थे, समान समेट कर वह निकल पड़ी। बाहर का पथ असूझ था, कोहरे के कारण दस कदम तक की वस्तुएँ भी न दिख पड़ती। वह वहाँ तक डग बढ़ाती चली जहाँ राह में प्रदीप इन्तजार में खड़ा था।' कुछ क्षणोंपरांत दोनों स्टेशन पर पहुँचे।

क्षणिक प्रतिक्षोपरांत गाड़ी भी आ गयी।

सीमा – "यह गाड़ी कहाँ तक जायेगी.....?"

प्रदीप – "जहाँ तक हमारी मंजिल है।"

गाड़ी अबाध गति से बढ़ती चली जा रही थी। प्रदीप ऊपर की बर्थ पर सोने चला गया और सीमा नीचे सोने का उपक्रम करने लगी। किन्तु नींद न आयी। शाम हुई प्रदीप नीचे उतरा और वेटर से भोजन की थाली मंगायी। दोनों भोजन किए। वह पुनः ऊपर सोने चला गया और सीमा सोचने लगी कि सीमा ! भागकर तुमने अक्षम्य अपराध किया है। माँ – बाप पेट काटकर कितनी मुसीबतों और अपेक्षाओं के साथ बच्चों को पढ़ाते हैं। तेरे ही साथ की सभी लड़कियों की पढ़ाई छूट गयी लेकिन तुझे वे पढ़ा रहे थे, माँ जो तुझे नौ माह गर्भ में रखी थी, खुद दुःख उठाया गीले में रही और तुझे सूखे में रखा, ऐसे माँ – बाप के विश्वास को धोखा देकर पलायन करना न्याय सम्मत न था।

तू प्रेम में अंधी हो उठी थी सीमा......अंधी......। तू प्रेम की जिस नाव पर सवार है वह तुम्हारे जीवन को पार लगा सकेगा या असहनीय दर्द के सागर में सदैव के लिए उलझने हेतु छोड़ देगा। तू पढ़ाई में अव्वल आती थी और शिक्षकों सहपाठियों को तेरी कुशलता पर गर्व था। उन्हें यह विश्वास था कि एक न एक दिन कोई अधिकारी या डॉक्टर अथवा इंजीनियर बनके रहेगी, किन्तु 'खोदा पहाड़ निकली चुहिया।' तेरे पलायन की खबर सुन लोग क्या सोचेंगे .....? सीमा ! तू स्वार्थ की संकीर्ण परिधि में डूबी स्वयं एवं दुनिया की दृष्टि से गिर चुकी है। वह रो पड़ी....मन और मस्तिष्क भारी था। मन ने कहा – "अब पछताए होत क्या जब चिड़ियाँ चुग गयी खेत।' उसके जेहन में आया, प्रदीप को एकाकी छोड़ अगले स्टेशन पर उतरकर पुनः घर लौट लूँ......सोचने लगी। क्या मुँह ले कर घर जाऊँगी। सबको क्या कहकर समझाऊँगी रात भर कहाँ थी। वह उधेड़बुन में थी कि तभी मन ने उकसाया, गाड़ी से कूद कर प्राण दे दो............यही राह बेहतर होगी। तत्काल उसके आत्मविवेक ने समझाया, प्राण दे देना किसी समस्या का स्थायी हल नहीं है। घर से भाग ही चुकी हूँ तो प्राण भी दे दूँगी तब भी माँ और बाप भाई पर बदनामी का टीका तो लगेगा ही फिर क्यों मरुँ, हमें नौकरी मिल जायेगी.........जहाँ दो – चार महीने में माँ – बाप को मनीऑर्डर मिलेंगे सभी मेरी भागने की गलती माफ़ कर देंगे। प्रदीप का स्वभाव बहुत अच्छा लगता है.............निश्चित ही एक दिन बहुत ऊँचाई तक जाएगा। बहुत ही होनहार है। इतनी कम उम्र में इतना सब पा लेना कोई सहज कार्य नहीं हो सकता। जब कभी कार से हम दोनों घर आयेंगे तो ताने मारने वाले वे पड़ोसी कि तेरी लड़की भाग गयी सभी आदर से हमें अभिनंदन करेंगे। मुझे विश्वास है कि मेरी पसंद को पिताश्री निश्चित अपनाएंगे। चिंतन में ही रात गुजर गयी, प्रातः करीब सात बजे गाड़ी नई दिल्ली रेलवे स्टेशन पर पहुँची। सामान समेटे दोनों नीचे उतरे

प्रदीप - "ये है हमारे देश की राजधानी दिल्ली।"

ऊँची – ऊँची इमारतें, पार्क और चहल – पहल आदि सीमा के लिये नवीन था। छोटे कस्बे में इतने तड़क – भड़क के उपक्रम कहाँ........? वह खुश थी। वहां से दोनों एक होटल गये, रात वहीं बीती। अगले दिन सीमा ने पूछा – "यहाँ तो तुम्हारा रहने का आवास होगा ?"

प्रदीप –"क्यों नहीं आलीशान है, देखोगी तो देखती रह जाओगी।

सीमा – अपने घर चलो न......।

प्रदीप – ओह सीमा ! इस होटल में भी मेरा कुछ नहीं लगता, मेरे दोस्त का है। मैं सोचता हूँ पहले शादी कर लूँ फिर चलूँ।

सीमा – "आज समय हो तो अपना ऑफिस ही दिखा दो ?"

प्रदीप – हाँ...हाँ क्यों नहीं......शाम को तैयार रहना, क्या करूँ सीमा, कई दिन बाद गाँव से आया हूँ यहाँ इतना काम फैला है कि पूछो न, नये प्रोजेक्ट के लिए इंजीनियरों की आज मीटिंग है क्षमा करना आज आने में देर हुई तो कल अवश्य चलूँगा। सुनों किसी भी चीज की आवश्यकता हो तो वेटर से बोल दूँगा मंगा लेना, वह चला गया।

सॉरी सीमा, भीतर प्रवेश करते प्रदीप बोला – "यही है मेरा जीवन, घोड़े की भाँति दिन भर दौड़ता रहा, मिठाई का डिब्बा देते हुए.......बधाई हो प्रोजेक्ट पास हो गया।

सच ! मुस्कुराते सीमा ने डिब्बा थाम लिया। उसने उसे खिलाते हुए कहा – "पहले आप खायेंगे यह आपकी उपलब्धि है।

प्रदीप – "अब हम दोनों एक होने जा रहे हैं। हमारी उपलब्धि अलग तो है नहीं ?"

सीमा – 'जी' किन्तु होने के बाद।'

रात व्यतीत हुई और सुबह हुई सीमा ने कहा – 'प्रदीप ! मेरी एक स्थान पर बैठने की आदत नहीं है। आपने क्या कहा था..........नौकरी पक्की है...........चलते ही ऑफिस संभालना होगा। किन्तु यहाँ से वहां की बातों में विभेद दिखता है। यथार्थ और सत्य में जीना मेरी नियति है। तुम मुझे गुमराह तो नहीं कर रहे हो ......?

नहीं....नहीं' सीमा, जल्दबाजी में किया गया कार्य न सुखद होता है न ही काल जयी। तुम लड़की हो और तुम्हारी सोच भी सीमित है। घर से भागी हो निश्चित ही पुलिस को सूचित कर दिया गया होगा। जब तक दोनों कोर्ट में विवाह नहीं कर लेते तब तक सुरक्षित नहीं हैं।

सीमा – मुझे भय लगता है प्रदीप,

प्रदीप – 'किस बात का.....?'

सीमा – यही कि शादी – विवाह कोई खेल – खिलौने का कार्य नहीं, करने से कठिन निभाना है। मेरी जीवन नौका आपके हाथ में है कहीं ऐसा तो नहीं करोगे कि माँ – बाप तो छूट ही गये हैं और तुम भी मुझे दिशाहीन, सीमा-हीन दरिया में आजन्म एकाकी बहने हेतु छोड़ दो।

प्रदीप – 'कैसी बेहूदा बातें सोचती हो। तुम्हारे अतिरिक्त मेरा कौन है?'

सीमा – "पुरुष तो स्वयं में स्वतंत्र सक्षम है। इसलिए कि सदैव लड़कों के साथ लड़कियाँ ही भागती हैं। लड़का नहीं ; मुझे महसूस हो रहा है कि कोई भी लड़की भागती है तो अपनी नासमझी के कारण भागती है। उसे समाज में हेय एवं घृणित होना पड़ता है।

प्रदीप – "सीमा ! तुम्हें कोई शक हो तो आज से ही ऑफिस के काम - काज सम्भालों किन्तु मैं कुछ और ही सोच रहा था। अगला प्रोजेक्ट तुम्हारे

ही नाम से बन रहा है। आज कुछ कागज़ात पर हस्ताक्षर करना होगा। मैं नहीं चाहता था कि मैनेजर की कुर्सी पर बैठो.........इसी महीने के अंत तक मेरा दूसरा प्रोजेक्ट शुरू हो जायेगा। वहां तू डायरेक्टर की कुर्सी पर सीधे बैठोगी। 'सुनों मैनेजर पद हेतु तुम्हारी सहेली भी बहुत ख़राब न रहेगी।

नारी हृदय अत्यन्त सरल होता है, वह पुरुष के बहकावे में आयी तो प्राण भी देने से नहीं घबराती और चंडी स्वरूप हुई तो प्राण भी लेने में संकोच नहीं करती। वह प्रदीप के बहकावे में पूरी तरह फँस चुकी थी। आज उसका हृदय गदगद था। अत्यन्त सरल भाव से प्रदीप ने पूछा – सीमा गहने लायी हो......? सीमा सकते में आ गयी। उसका हृदय प्रसन्नता से आह्लादित न होता तो माँ के गहने साथ लाकर भी प्रदीप को न देती।

सीमा – 'हाँ है तो किन्तु क्या करोगे ?

प्रदीप – 'जमानत स्वरूप बैंक में रखकर फैक्ट्री के नाम फाइनेंस कराना है। उसने बैंक के कुछ कागजात जो विधिवत टाइप थे उनपर सीमा को शीघ्र हस्ताक्षर करने को कहा। वह पहले गहने ले आयी फिर हस्ताक्षर की। गहने कोई छः लाख से कम के क्या होंगे। इन्हीं गहनों के बल पर माँ कभी किसी को कुछ समझती न थी। गहने नारी के लिए सौन्दर्यवर्धक के साथ स्थायी सुख एवं शक्ति के प्रस्तोता होते हैं। वे उस अस्त्र के समान हैं, जो युद्ध में सभी हथियार नष्ट होते हुए भी योद्धा स्वयं की सुरक्षा के निमित्त कुछ अव्यक्त हथियार छुपा कर रखता है। वैसे ही गहने विषम परिस्थिति में, गाढ़े अवसर पर काम आते हैं। मामा के घर अगले माह शादी है गहने न पाकर माँ गहने के लिए मर जायेगी। मेरी अन्य मौसियाँ गहने पहने मटकती फिरेंगी नहीं...... सदैव खुश रहने वाली मेरी माँ एक धागे को गले में डाले कैसे लगेगी? उस धागे से अधिक मेरे पापा के पास अन्य कुछ खरीदने की स्थिति कहाँ ? सहसा माँ का भोला – भाला रूप आँखों पर उतर आया, माँ....माँ....बच्चों सा

सुबकने लगी। घायल मृगी की भाँति तन – मन आहत था, आवेग से आँसुओं की वृहत बूंदे टूट – टूटकर दुपट्टे पर गिरने लगी। शैशव से यौवन तक के वृत्तचित्र अनबूझ पहेली की भाँति मन – मानस पर बरसने लगे और अन्तःकरण बंध्या भूमि की भाँति स्वभाग्य पर क्लेषित था। उसका मन सरल और निर्मल था, आत्मा में प्रदीप के प्रति सात्विक एवं निच्छल प्रेम था। आज तक उसने उसके व्यवहार पक्ष को देखा था, मोह – लोभ छल तथा ईर्ष्या एवं पाखण्ड जैसे दुर्गुणों के प्रति कोई सोच न थी।

होटल के अपने कक्ष में अकेली बैठी सीमा अतीत में खोई थी, उसकी दृष्टि घड़ी पर पड़ी..........कोई बारह बजे होंगे........। बारह बजे तक भी प्रदीप न लौटा, सोचने लगी पुरुष पर काम का कितना बोझ होता है। शादी होते ही आधा मैं सम्हाल लूँगी। सहसा घंटी बजी, प्रदीप ही था। पैर की लड़खड़ाहट तथा बोलने की अदा से वह भांप गयी- अरे ! शराब पी रखी है ?

माफ़ करना डार्लिंग ! नये प्रोजेक्ट की ख़ुशी में पार्टी देनी पड़ी, लाख मना करने पर भी दोस्त, यारों ने मुँह में डाल ही दिया। ओह ! पहले खुश-खबरी सुनों। इलाहाबाद की मौसी का फोन आया है उनके कोई है नहीं, बीमार हैं, उन्होंने अपनी करोड़ों की सम्पत्ति बंगला आदि मेरे नाम लिखने के लिए बुलाया है। हमने तो टिकट भी निकाल लिया है वातानुकूलित दो टिकट। कुछ समझ में नहीं आता..........यहाँ तो इतना सब फैला ही था, इलाहाबाद की इतनी प्रापर्टी कौन देखेगा,? सम्पत्ति रहेगी तो देख लिया जायेगा। हम सदैव अकेले नहीं रहेंगे........हमारे बच्चे भी होंगे।

प्रदीप – 'वाह ! वाह !! इतनी दूर तक सोच ही न सका था। भोजन करो और मैं सामान समेट रहा हूँ।

सीमा – "अभी चलना है क्या.......?"

'अरे भाई ! प्रातः नौ बजे की गाड़ी है। सुबह बस निकलना भर रहे।' प्रदीप ने लड़खड़ाती आवाज में कहा। दोनों प्रातः आठ बजे स्टेशन पहुँचे। कुछ देर बाद गाड़ी लग गयी। दोनों बैठे ! प्रदीप ने पूछा सीमा – 'तुम्हें सबसे प्रिय कौन है ?"

'आप....।' न होते तो माँ – बाप, भाई - बहन को छोड़ आपके साथ भाग आती।'

प्रदीप ने सीमा के मासूम चेहरे को देखा......उसकी सुघड़ – वृहत आँखों में झाँकना चाहा किन्तु उसके निस्तेज नयन में शक्ति ही न थी कि आँखें मिला सकता। किसी गहन चिंतन में डूब गया था।

सीमा ने कहा – "आप कुछ सोच रहे हैं ......? अपने को अकेला न समझें, छाया की भांति मैं आपके साथ रहूँगी।"

प्रदीप – "किन्तु.....छाया भी तो कभी – कभी शरीर का साथ त्याग देती है ? यदि शरीर छाया का साथ त्याग दे तो......

"तो क्या....आप मेरा साथ छोड़ देगें तो जीवन का कोई मूल्य न रहेगा। अर्ध विकसित एक पुष्प विकास से पूर्व ही मसला जायेगा, किन्तु ऐसी अपेक्षा नहीं है। सीमा ने कहा।

प्रदीप – "ऐसा कुछ नहीं है सीमा, तात्पर्य यह है कि जीवन की विशाल यात्रा में कौन कब कहाँ मिल जाये या खो जाये निश्चित नहीं है। मैंने स्वप्न में भी न सोचा था कि तुम्हें पा जाऊँगा।"

"सीमा भी इतनी जल्दी आपके मोहजाल में फंस गयी इसे नियति ही समझों आपसे पूर्व मैंने न किसी लड़के से बात की न ही प्रेम, न जाने आप का कैसा जादू चला कि मैं उसमें उलझती चली गयी।

दोनों दिन के करीब दस बजे इलाहाबाद पहुँचे। स्टेशन पर एक अधेड़ बुढ़िया इंतजार में थी ट्रेन से उतरते ही वह मिली। मौसी ! गर्म जोशी से प्रदीप मिला। दोनों दूर हटकर आपस में बातें किए फिर सीमा के समक्ष आये। प्रदीप ने सीमा और मौसी का परिचय कराया। उसने सीमा से कहा – 'तुम मौसी के साथ घर चलो मैं कुछ काम करके आता हूँ। सिविल लाइन के एक जलपान गृह में मौसी के साथ सीमा नाश्ता कर रही थी कि प्रदीप भी पहुँचा। मौसी ने पूछा – "काम हो गया बेटा। हाँ मौसी हो गया। दोनों एक – दूसरे से संकेत में ही बातें करते रहे पुनः प्रदीप जाने को हुआ तो सीमा बोली – "मैं तुम्हारे साथ नहीं चल सकती ?"

कैसी बात करती हो, मौसी क्या सोचेगी ? उनके साथ चलो पीछे से मैं भी पहुँच रहा हूँ।

मौसी के साथ सीमा उनके आवास पर पहुँची। मौसी ने खूब आव - भगत की। सीमा भी मौसी के व्यवहार से खुश थी। मौसी ने कहा – 'यात्रा की थकान तो स्नान करने से दूर होगी। उन्होंने सीमा को स्नान गृह का रास्ता दिखाया। कीमती कपड़े पहनने को दिये।

अरे मौसी ! प्रदीप तो तुम्हारी प्रशंसा करते न थकता था, तुम उससे भी अच्छी हो, ईश्वर करे सबको आपकी तरह ही मौसी मिले।

मौसी ने मुस्कुराते हुए कहा – "ये है तुम्हारा कक्ष, कैसा लगा ....? मौसी ने पूछा।

सीमा – "वाह मौसी ! क्या खूब बना है। इतना सुंदर तो दिल्ली के होटल का भी कक्ष न था। दोनों बातें कर रहे थे तभी लक्ष्मी चाय और नाश्ता की ट्रे लिए पहुँची।"

मौसी – "सुन लक्ष्मी, इन्हें किसी भी तरह की तकलीफ नहीं होनी चाहिए। लक्ष्मी की दृष्टि सीमा के चहकते मुख पर पड़ी.....तत्क्षण अश्रु की कुछ बूँदे नेत्र से टूटकर फर्श पर जा गिरी, शायद उसे वह दिन याद आ गया होगा जब वह आज के नौ वर्ष पूर्व यहाँ लायी गयी थी। वह सीधे रसोईघर की तरफ भागी। सीमा का हृदय धड़क उठा......सोचने लगी लक्ष्मी की आँखों से गिरे पीड़ादायक आँसू कोई सहज न थे। निश्चित किसी व्यापक रहस्य को समेटे हुए हैं। शाम हुई, फिर रात, किन्तु प्रदीप न आया, उसका दिल धड़का उसने मौसी से पूछा – प्रदीप नहीं आया मौसी।

मौसी – "नहीं बेटी ! मैं भी तो यही सोच रही थी। आखिर कहाँ चला गया ?"

सीमा – "होटल में आपसे क्या कहा था.....? चलकर पता करना चाहिए।?

मौसी – रात में कहाँ चलोगी फिर वह लड़की नहीं कि कोई भगा ले जाये....जहाँ होगा आयेगा ही।

देर रात गये लक्ष्मी दूध का गिलास लेकर आयी। सीमा ने कुछ पूछना चाहा किन्तु वह कुछ न बोली। केवल सुनती रही, शायद गूंगी होगी यही समझ सीमा भी चुप हो गयी।

दूसरा दिन बीता और रात आयी प्रदीप न आया.....सीमा रो पड़ी .....हे ईश्वर क्या हो रहा है ? कहीं मैं फंस तो नहीं गयी हूँ। वह दगा तो नहीं दे गया......? ढेर सारे प्रश्न उसके जेहन में क्रमिक उमड़ने लगे। अभी भोजन करके सोने गयी थी। आगे मौसी पीछे एक युवक कक्ष में प्रविष्ट हुआ। बेटी सीमा ! वह तो आया नहीं न ही आयेगा। मैंने तुझे खरीद लिया है।

मौसी....., आ.....प क्या कह रही हैं..........? वह उच्च स्वर में चिल्लायी। यहाँ एक पल भी न रहूँगी, वह जोर से उछली और मौसी गिर पड़ी। बाहर भागना चाही किन्तु अंदर से ताला बंद था। हाथ में डंडा लिए मौसी पहुँची।मौसी ने युवक से कहा – इसे खींचकर भीतर ले चल वह पूरे बल से खींचने लगा। सीमा उसके कब्जे से भागने लगी तो मौसी ने उस पर डंडे से प्रहार किया सिर पर पड़ी चोट से वह कराह उठी। युवक खींच कर भीतर ले गया।

मौसी ने कहा – 'कान खोलकर सुन लो, यहाँ केवल आने का द्वार है जाने का नहीं। पूरे दो लाख रूपये गिनने पड़े हैं कि दस लाख कमा कर दोगी। प्रत्येक रात का बिस्तर नया और सोने वाला भी नवीन होगा। यहाँ भले घर के लोग ही आयेंगे जो मेरे अतिथि होंगे, उनकी खातिरदारी तुम्हें करना होगा, तुम्हें। यह युवक आज तुम्हारे साथ ही रहेगा। स्मरण रहे.......ठीक से रहोगी तो सुख ही सुख है टेढ़ी चाल चलोगी तो कलझ – कलझ कर जीना पड़ेगा। मौत भी बगैर मौसी से पूछे नहीं आ सकती।

'नारी होकर भी घृणित सोच.....छि: कीड़े पड़े तुम्हें।'

ह....ह.....ह.. हँसते हुए। हमारे बगैर पुरुष की क्या अहमियत.....? मौसी ने बहुत समय देखे और झेले हैं छोकरी। मैं तुम्हें कोई दूसरा नहीं बल्कि नारी धर्म पालन का ही पाठ सिखा रही हूँ। इतना सती पार्वती थी तो घर से न भागी होती।

अपनी करनी पर वह रोने लगी....दोष किसी दूसरे का नहीं केवल मेरा है। मुझे सब स्वीकार है मौसी.....स्वीकार है। वह सिसकती रही जैसे विक्षिप्त हो गयी है। सहसा वह गिर पड़ी और मूर्छित हो गयी।

सीमा की दृष्टि में प्रेम एक मिथ्या कल्पना के अतिरिक्त कुछ न था। शनैः – शनैः माह गुजर गये, अब वह मौसी के लिए पैसों का बैंक थी। मौसी के

लिए चाहे जो हो किन्तु अपने लिए मृत – लाश से अधिक न थी, उसमें न कोई शौक था न ही कल्पना। किंशुक सुमन की भाँति कुछ शेष था तो वह था सिर्फ पुरुष के मनोरंजन तथा तृप्ति का साधन। दो माह में तीन बार आत्महत्या का प्रयास विफल हुआ था। मौसी छाया की भाँति उसके साथ रहती, खान पान के समग्र सुख होने पर भी अपमान एवं घृणित बोध की तीक्ष्ण ज्वाला से उसका रोम – रोम जल रहा था।

* * *

इलाहाबाद शहर की हलचल भरी शाम थी। सीमा किसी नये आगंतुक के लिए तैयार होकर बालकनी में खड़ी थी। प्रकृति की स्वच्छ ताजगी पूर्ण वायु से मन आह्लादित था शिक्षा की नगरी इलाहाबाद में देश के कोने – कोने से शिक्षार्जन हेतु लोग आते हैं। अच्छे परिवार के लड़कों की स्थिति से सीमा को दुःख था। माँ – बाप पढ़ाई के लिए पैसा देते हैं न कि गलत मार्ग में खर्च करने के लिए। नई पीढ़ी की दशा से वह चिंतित थी किन्तु वह भी तो उसी का शिकार थी। ब्रह्मचर्य आश्रम की सुचिता को तार – तार करने वाली वर्तमान व्यवस्था कैसी शर्मनाक है।

वह अपने कक्ष में चली गयी,

आगंतुक कक्ष में प्रविष्ट हुआ। दोनों आश्चर्य से एक – दूसरे को देखते रहे। बहुत समय तक मौन की स्थिति थी, अन्तर्मन की जलती वेदना को झंकृत कर देने वाला कोई और नहीं छोटी कक्षाओं में साथ पढ़ने वाला संयोग था। बचपन में दोनों एक – दूसरे के साथ खेले थे। सीमा की उसी आँखों में पुनः चमक लौटी, वह स्वयं को रोक न सकी और सुबककर रो पड़ी।

सांत्वना देते भावुक मन से संयोग ने कहा – "रोओ मत सीमा......इस नर्क से तुझे निकाल कर दम लूँगा।

सीमा ने उसके मुख पर हाथ रखते कहा – "अहिस्ता बोलो दीवारों के कान तो लोग वैसे कहते थे किन्तु यहाँ हैं। मौसी के पास ऐसे गुण्डे हैं जो आदमी को हजम कर जायें और पता न लगे। यहाँ तो पुलिस भी आने की हिम्मत नहीं रखती। जैसे अकेला चना भाड़ नहीं फोड़ सकता वैसे ही तुम स्वयं को मिटा सकते हो किन्तु मेरी कोई सहायता नहीं कर सकते। यहाँ महज आने का रास्ता है जाने के लिए तो अर्थी ही जायेगी।

"नहीं सीमा, नहीं !! मैं तुम्हें यहाँ नहीं रहने दूँगा। तुम्हारे लिए तेरी माँ बहुत रोती है।

सीमा – 'यह बताओ इलाहाबाद पढ़ने आये हो या कोठे पर लुफ्त उठाने।'

संयोग – 'तू न मिली तो आजन्म शादी न करने का प्रण ठान रखा था। यहाँ बी.ए. तृतीय वर्ष में पढ़ रहा हूँ।

"यहाँ से निकाल कर क्या करोगे.........कोठे की लड़की से कौन करेगा विवाह ?" सीमा ने पूछा

मैं....मैं....मैं... संयोग बोला।

एक शर्त पर......सीमा बोली। मुझे भी शादी के बाद इलाहाबाद से पढ़ने का मौका दोगे, मैं कुछ बनना चाहती हूँ। मुझे बदला लेना है।

किससे........?

उस दगाबाज से जिसने मेरा यह हश्र किया।

ठीक है सीमा, वादा करता हूँ।

सीमा के मुख पर अस्वाभाविक आनंद दिख पड़ा। उसने कृतज्ञता भरे स्वर में कहा – मुझे पुरुष जाति से भय लगने लगा है, संयोग .....तुम भी तो.....?

नहीं सीमा नहीं, सभी पुरुष एक से नहीं होते, तुम शायद यही सोच रही होगी कि कोठे की लड़की पतित होती है......तो नहीं, यकीन मानों तुम गंगा जल की तरह पवित्र हो पवित्र, कोठे पर आकर जब मैं पवित्र हूँ तो तू अपवित्र भला कैसे हो सकती है। उसने सीमा से उसके भाई का नंबर लिया और चला गया।

तीसरे दिन मौसी के कोठे पर छापा पड़ा, महज सीमा ही मुक्त नहीं हुई बल्कि कई महिलाओं को उस नारकीय कृत्य से छुटकारा मिल गया। सीमा के माँ – बाप भी उसे पाकर खुश हुए। संसार में औलाद चाहे जितनी नालायक हो, माँ – बाप सदैव क्षमा ही करते रहते हैं।

संयोग से विवाह के पश्चात् सीमा इलाहाबाद पढ़ने चली आयी अपने परिश्रम से वह आज हाइकोर्ट की सम्मानित अधिवक्ता है। उसने प्रदीप को आजीवन कारावास की सजा दिलवा कर यह सिद्ध कर दिया। बुरे काम का बुरा नतीजा। वह भावी पीढ़ी को यह सीख देती है कि कभी भी माँ – बाप और समाज को छोड़कर नहीं भागना चाहिए जो भी प्रेम के वशीभूत होकर भागेगा। उसका भी मुझ जैसा हश्र होगा।

घूसखोर

"मामा के यहाँ खिदमतगारी करते प्रभाशंकर शर्मा को बाबू की नौकरी मिल गयी। उनके मामा कांग्रेस के अच्छे नेता थे और कई मंत्रियों – विधायकों में अच्छी पैठ थी। जो काम मंत्री अथवा विधायक न करा पाते, उसे वे चुटकी बजाते करा देते। उन्होंने अपनी बहन से वादा किया था जिसे भांजे को नौकरी दिला कर पूर्ण किया।"

प्रभाशंकर की प्रथम तैनाती बनारस के जिलाविद्यालय निरीक्षक कार्यालय में हुई। इसकी सूचना जब उनके पिता शोभा शंकर को मिली तो फूले न समाये। पैरों में जैसे पंख उग आये हों, वे दिन भर घूम – घूमकर न पूछने वाले को भी बताते फिरते, मेरा बड़ा बेटा बाबू हो गया है। मलाईदार पद पाया है, सुना हूँ इन्हें मास्टर का वेतन पास करने का काम है। मच्छरों की भाँति मास्टर उसके आगे पीछे भनभनाते रहते हैं।।

'समय बीतता गया और प्रभा बाबू की छवि बढ़ती गयी। नेक नामी में नहीं। बल्कि घूसखोरी में। जैसे किसी भूखे को स्वादिष्ट भोजन मिले और वह टूट पड़े ठीक वैसे ही अभावग्रस्त प्रभा बाबू भी धन कमाने में किसी भी स्तर तक उतरने हेतु तत्पर रहते। उन्होंने अध्यापकों के वेतन पास होने वाले प्रत्येक बिल पर उगाही प्रारंभ कर दी। छोटे – बड़े सभी अधिकारियों को घूस का स्वस्ति वाचन मंत्र सिखा दिया। हंसी – हंसी में घूस के जनक का भी संबोधन जब उन्हें मिलता तो फूले न समाते।

परजीवी लता की भाँति प्रभाबाबू अध्यापकों एवं कर्मचारियों को लूटते रहे। उनकी शिकायत अन्य अधिकारियों से हुई लेकिन उनके सेहत पर

असर न पड़ा। कारण उनके लौह – रक्षक मामा जैसे व्यक्ति थे। तनख्वाह कम होते हुए भी उनका रहन – सहन, खान – पान, पहनावा किसी अधिकारी से कम न था। पाँच साल के भीतर गाँव और शहर में दो तल्ला मकान हो गया। जिस माँ बाप के पास तन ढकने के कपड़े और अन्न के लाले थे वही कार में घूमते फिरते हैं। इन्हीं दिनों प्रभा बाबू में सुरा – सुन्दरी की लत लगी। सच कहा गया है कि पाप की कमाई भी जाने का रास्ता बना लेती है। कम घूस देने पर वे अध्यापकों को दुत्कार कर भगा देते। एक घटना मुझे नहीं भूलती। एक अध्यापक सेवा निवृत्त पंजिका उनके समक्ष रखते गिड़गिड़ाया – "साहब ! घर में आग लगने से मेरा सब कुछ नष्ट हो गया। बच्चे पेड़ों के नीचे रह रहे हैं। अन्न के लाले हैं। मुझ पर द्रवित हो कृपा कीजिए साहब। देने को घूस नहीं हैं जो कुछ है ले लें। हां जैसे ही पैसे पाऊँगा तो घूस चुका दूँगा।'

"प्रभा बाबू की भृकुटी तन गयी, फ़ाइल को अध्यापक के मुख पर फेंकते कहा – 'घी निकालने हेतु अंगुली टेढ़ी करनी होती है।"

सेवानिवृत अध्यापक पद्मनाथ पुनः गिड़गिड़ाते बोला – "दया करो साहब ! मेरे बाल – बच्चे भूखों मर जायेंगे।

'मर जाने दो, जाते हो कि बाहर निकालना होगा।'

"जाता तो हूँ लेकिन याद रखना, ईश्वर सब देखता है, मेरी और मेरे बच्चों की आह तुम्हें नष्ट कर देगी।"

जा !....जा !! तुम्हारी तरह बहुत देखा हूँ।'

"अभी माह भर भी न बीता होगा कि जिला विद्यालय निरीक्षक का तबादला हुआ और उसकी जगह प्रभुनाथ तिवारी आ गये। मिज़ाज से तो सरल और सुशील थे लेकिन ईमानदारी के पक्के पुजारी थे। प्रभा बाबू ने चाँदी

के जूते का मंत्र उन पर भी आजमाया किन्तु उन्होंने पीठ न छूने दिया। उल्टा निर्देशित किया – "सुना है तुम घूसखोर हो, ऐसे हो तो सुधर जाओ।

मन ही मन प्रभाशंकर बोला– 'सुधरना तो तुम्हें होगा.....नहीं तो .....।'

प्रभुनाथ ने रोक कर पूछा – "कुछ कह रहे हो ......?"

नहीं साहब, 'कहूँगा क्या ? कहाँ आप, कहाँ एक बाबू.....।'

इतना कहते चला गया।'

माह दो माह बीता होगा आदत की दवा नहीं होती। प्रभा ने अध्यापकों के एरियर को लेकर मोटी रकम ली। उन्हीं दिनों सेवानिवृत अध्यापक पद्म नाथ ने भी तिवारी जी से मिलकर प्रभा बाबू के करतूत का चिट्ठा खोला। अभियोग सिद्ध हो गया। दोनों तरफ से गवाह भी तैयार हो गये। तिवारी ने प्रभा बाबू को सस्पेंड कर दिया।

तैस में प्रभा बाबू ने तिवारी जी को धमकाते कहा – "तुम जैसे कितने डी–आई ओ.एस आये और गये। मुझसे टकराने की किसी में हिम्मत न थी। कान खोलकर सुन लो एक माह के भीतर पुनः आऊँगा और उसी दिन से तुम्हारी उल्टी गिनती प्रारम्भ हो जायेगी। अपना बोरिया – बिस्तर खोलना मत नहीं तो बाँधने में मेहनत होगी।"

एक साधारण बाबू की ऐसी शब्दावली से तिवारी जी अचरज में पड़ गये। जी में आया रिवाल्वर निकाल उसे दाग दें किन्तु संयमित और विवेकशील बने सोचने लगे। ऐसी बात तो स्वयं नहीं कह सकता, इसके सिर पर अवश्य किसी का हाथ है। पता लग गया। उसका मामा भैरोनाथ जो राजनीति शास्त्र का कुशल योद्धा था। सभी पार्टी के सांसदों, विधायकों मंत्रियों की चापलूसी करता दलाली के माल खाता और खिलाता था। रात भर तिवारी जी परेशान थे, नींद न आ रही थी, इधर–उधर चहल कदमी करते

– करते निद्रा विहीन रात गुजरी। प्रातः के ग्यारह बजे होंगे। वे अपने ऑफिस का कार्य निपटा रहे थे कि तभी फोन की घंटी बजी तो हृदय धड़क उठा।

धीरे से आवाज आयी, भैरो नाथ बोल रहा हूँ।

'प्रयोजन बताइए।'

'आपने प्रभाशंकर को सस्पेंड कर अच्छा नहीं किया है।'

हृदय को मजबूत करते तिवारी जी बोले – "अच्छा – बुरा आप सिखाएँगे? मैंने अपने दायित्व का निर्वहन किया है। और तुम अपनी सीमा से भटक, अन्याय, चोरी और घूसखोरी को बढ़ावा दे रहे हो।"

भैरोनाथ – "जानते हो किससे बात कर रहे हो।'

तिवारी – न जानता हूँ न जानना चाहता हूँ। इतना कह फोन रख दिया।

प्रभाशंकर को गये पच्चीस दिन हुए होंगे दिन के बारह बजे तिवारी के मोबाइल की घंटी बजी।

'शिक्षामंत्री का सेक्रेटरी बोल रहा हूँ।'

तिवारी – "क्या निर्देश है सर।"

'कल ऑफिस आ जाओ।'

जी, तिवारी जी सोच में पड़ गये। आज उन्हें विश्वास हुआ था कि घूस लेने वाले का हाथ कितना लम्बा और मजबूत है। ऐसा ही रहा तो सत्य कहने और सुनने वाला न बचेगा। घूसखोर गर्व से सीना ताने फिरेंगे। मन तो घबरा रहा था कि तिवारी तुमने क्या किया.....? उनकी आत्मा ने समझाया तुझे किस बात का डर? अपराधी को दण्ड देना अन्याय है तो न्याय क्या है?

तिवारी जी शिक्षा मंत्री के समक्ष निर्भीकता से प्रस्तुत हुए। उन्होंने पूछा – "प्रभाशंकर से तुम्हारी क्या दुश्मनी है?'

तिवारी – "वह मेरे समझाने पर भी न माना। ऑफिस को घूस का अड्डा बना दिया था।"

मंत्री जी – "तुम्हें तो ईमानदारी का तमगा मिलना चाहिए था।"

तिवारी का मन प्रसन्न हुआ, वे नहीं समझ सके कि इतने ओहदे पर बैठा व्यक्ति घूस का संचालक है।

मंत्री जी – "उसका सस्पेन्शन वापस ले लो।"

साश्चर्य तिवारी ने कहा – 'सर यह आप कह रहे हैं ?'

"हाँ मैं कह रहा हूँ। घोड़ा घास से दुश्मनी करेगा तो चरने कहाँ जायेगा। मुझे तो हैरत है कि जिलाविद्यालय निरीक्षक कैसे बन गये ? तुम्हें तो किसी मंदिर का पुजारी या धर्म व्याख्याता होना था, सत्य की अवहेलना उसे सहन नहीं हो रही थी। घूसखोरी अपराध और देश के समस्त अनैतिक कार्य कहाँ से नियंत्रित हो रहे हैं यह बात अब तिवारी के समझ आ चुकी थी।"

मंत्री जी – "मैंने जो कुछ कहा स्मरण है कि तुम्हें भी प्रभा की भांति सस्पेंड होना है ?"

तिवारी – "सत्य और ईमानदारी से श्रेष्ठ मेरी नौकरी नहीं है सर। मैं उसकी रक्षा के निमित्त अन्यायियों का साथ नहीं दूँगा। मैं किसी भी हालत में उसे बहाल नहीं कर सकता।

'तुम यहाँ से जा सकते हो।'

तिवारी बाहर निकला, मन के क्षुब्ध होते हुए भी सत्य निर्णय पर हृदय में आत्मसंतोष था। मानस तल पर विविध बिम्ब उमड़ रहे थे। उसके ईमानदारी का पुरस्कार शीघ्र मिलेगा। मंत्री जी के एक – एक शब्द स्मरण होने लगे – कौन घूस नहीं लेता ? घूस के बिना न धरती खुश होती है न ईश्वर ! मंदिर में जाओ पंक्ति में खड़े – खड़े दिन बीत जाता है लेकिन पुजारी को रिश्वत

दो तो क्षण भर में ईश्वर के दर्शन करा देगा। माँ – बाप भी घूस चाहते हैं उनका जो लड़का नहीं कमाता उसे बात – बात पर निकम्मा संबोधन मिलता है और जो अधिक कमाई करता है और उन्हें धन – दौलत देता है वह भैया कहलाता है। खेत में खाद पानी न दो तो तोला भर अनाज न पैदा हो। चुनाव में करोड़ों खर्च कर ख़ाक छानने आया हूँ। नौकरी करना है तो प्रत्येक माह पचास हजार पहुँचाना होगा। प्रत्येक डी. आई. ओ. एस. ऐसा ही करते हैं। तिवारी रात भर सोचता रहा। मेहनत की पढ़ाई पर तो नौकरी मिली है। ओहदे का जज्बा होता है। जिधर से निकलो तो नमस्ते करने वालों का हजूम लग जाता है किन्तु जब लोग सुनेंगे कि नौकरी से निकाल दिया गया है तो क्या सोचेंगे ? यही न कि घूस लेते पकड़ा गया हूँ। सफाई किससे – किससे देता फिरूँगा। उसकी आत्मा ने कहा – "सोच विचार लो नौकरी चाहिए या ईमानदारी या स्वाभिमान ? हँसब ठठाई फुलाउब गाला। तीनों नहीं हो सकता। मन ने उकसाया दाल में नमक के बराबर घूस लेकर भी पाक – साफ़ रह सकते हो ? न जाने कब आँख लगी तो उसके बाबू समक्ष खड़े थे।

बेटा प्रभुनाथ ! सत्य की ही जीत होती है। नौकरी बचाने हेतु पिता के बताये सिद्धांत का गला घोटना चाहते हो। वह पिता जिसने तुम्हें नैतिकता का पाठ पढ़ाकर उच्च अधिकारी बनाया। छिः तुमने यदि सोच लिया तो समझो कर लिया। तुम्हारे परिवर्तित स्वभाव पर घृणा होती है।

सिसकते प्रभुनाथ ने कहा – 'नहीं बापू नहीं, मैं आपके बताये सिद्धांत से विमुख नहीं हुआ। मैं न घूस लूँगा न घूसखोरों का सहयोग ही करूँगा। मुझे भूखे रहना स्वीकार है किन्तु.......।

"नींद टूटी और स्वप्न भंग हुआ, फिर सो न सका। प्रातः मन अलसाया था। बिस्तर पर पड़ा देख पत्नी बोली – "दो दिन से चिंतित दिखाई पड़ते हो।"

निर्मला ! ऐसी कोई बात नहीं। वह उठा और बेसिन में मुख धोकर बाहरी लॉबी में प्रविष्ट हुआ। अभी चाय की चुस्कियाँ ले रहा था कि तभी निर्मला ने पुनः पूछा – "आप कुछ छुपा रहे हैं ?"

खैर छोड़ो, आपने अपना समझा ही कब....? पति हो इसीलिए दुःख होता है। कान खोलकर सुन लो – गुड़िया मेडिकल की तैयारी करने कोटा जायेगी, व्योम को इंजीनियरिंग में प्रवेश हेतु डेढ़ लाख रूपये चाहिए। एक सप्ताह के भीतर सब चाहिए।

प्रभुनाथ लान में बैठा सोचने लगा, पुरुष का जीवन ही जैसे तनाव का मंदिर है। कहीं कर्मचारियों का टेंशन तो कहीं अधिकारी और घर पर बीवी – बच्चों का। सबको पैसे चाहिए। पैसा बस पैसा, कमाकर मंत्री को दो, पत्नी को दो.....बाबुओं को घूस की छूट दो, वे अध्यापकों को लूटकर अपना और मेरा तथा मंत्री जी का घर भरेंगे। पिता जी....क्या करूँ, क्या न करूँ। आप कह दो बाबू जी कल रात्रि में जो मैंने देखा वह स्वप्न था..... स्वप्न......... आपका निर्देश नहीं था। सभी को पैसा चाहिए वो कहाँ से पूर्ण करूँ सब की अभिलाषाएँ। आज से मैं बाबुओं से कह दूँगा तुम घूस लो और मुझे भी दो। पैसे बगैर मेरा हस्ताक्षर न होगा। आज ही प्रभाशंकर को बहाल कर दूँगा।

पत्नी ने कहा – भोजन कर लो, फिर सोचना। घर का किराया देना है, दूध का बिल भी अधिक है सत्यवादी जी पैसे हों तो ये सब दे दो। प्रभुनाथ ने चुपचाप भोजन किया, फिर मोटर साईकिल से ऑफिस जाने लगा। नौकरी का पहला अवसर होगा कि किसी से घूस लेगा। पत्नी रोज ताने मारती है, तुम्हारे ऑफिस के चपरासी के पास भी मकान किन्तु तुम किराया भरते – भरते ही टूट गये। अब मैं ऐसा मकान बनाऊँगा कि दुनिया देखती रहेगी। अब घूस लूँगा के इसी उधेड़बुन में खोने से मानसिक एकाग्रता न बन सकी उसकी मोटर साइकिल बस से टकराई। मूर्छित अवस्था में प्रभुनाथ को प्रभा बाबू ने

अस्पताल पहुँचाया। पीठ और पैर से रक्त निकल रहा था। उन्होंने उसे रक्त भी दिया। तब तक परिवारजन भी आ गये। दूसरे दिन प्रभुनाथ ने आँखें खोली समक्ष प्रभा बाबू खड़े थे। बगल की चारपाई पर उसकी पत्नी बैठी थी तभी वहाँ डॉक्टर पहुँच गया। उसने बताया कि यही आपको अस्पताल लाये हैं और मानवता के तौर पर पैसा भी खर्च कर रहे हैं। प्रभुनाथ की आँखें सजल हो उठीं। जैसे वे क्षमा माँगने के इच्छुक हों।

प्रभा बाबू – "नहीं.नहीं.' मुझे क्षमा कर दीजिए। मेरे ही कारण आपकी यह दशा हुई है। आप महान है.....देव तुल्य हैं। मेरी पत्नी भी आपके पाँव छूना चाहती है। उनकी दृष्टि में आप कलयुगी देवता हैं। उसी के कारण मेरी मुंदी आँखें खुली। उसने मुझे समझाया। घूस लेना पाप है, उसे लेकर आप कितना दुखी हैं। बड़ी संतान पागल हैं दूसरी विकलांग खुद मधुमेह रोग से ग्रसित हो। किसके लिए चोरी करोगे ? ईश्वर से डरो आपको सौगंध देता हूँ जीवन में घूस न लूँगा। अब मुझे क्षमा कर दें। असत्य के विरोध में आपका छोटा भाई आपके साथ होगा।

प्रभुनाथ की पत्नी – "देव ! मैं भी आपकी गुनहगार हूँ। कभी भी आपको घूस लेने को प्रेरित न करूँगी। आपकी यह दशा मेरे कारण हुई है। वह सिसकने लगी।

प्रभुनाथ –'इस दुर्घटना से मैं बहुत खुश हूँ कि मुझे घूस नहीं लेना पड़ेगा, मेरा भटका प्रभा बाबू जैसा भाई और धन की मृगतृष्णा में खोई सावित्री जैसी पत्नी के विचारों में परिवर्तन हुआ है।

सोना और चाँदी

गोपी के दो बेटे हैं राधेमोहन और श्याम मोहन। दोनों की उम्र में महज पाँच वर्ष का अन्तराल है। गोपी खेती बाड़ी में खपा रहता फिर भी अभाव ग्रस्त जीवन था। पत्नी की बीमारी और दवा में कुछ खेत बिक भी गये वह फिर भी न बची। बेटों के सिर से माँ का साया हटा तो पति से पत्नी का प्यार , किसी का अभाव तो तब महसूस होता है जब वह नहीं होता। यशोदा जिसे गोपी प्यार से जस्सी बुलाता, वह उसके साथ छाया सी लगी रहती। दोनों में तू – तू मैं – मैं तो कभी हुआ ही नहीं। जस्सी जब तक थी गोपी निश्चिन्त था, गाँव समाज में घूमने का समय मिलता। उसके मरते ही छोटे – छोटे बेटों का पालन – पोषण उसी के सिर आ धमका। जब तक तो गाँव के स्कूलों में पढ़े तब तक तो नहीं खला किन्तु दोनों ही पढ़ने में अच्छे थे वे कक्षा में प्रथम आते।

बेटों को लेकर गोपी सदैव ही सपने देखता - बड़े को अधिकारी और छोटे को डॉक्टर बनाऊँगा। बच्चों की पढ़ाई में खर्च अधिक लगने लगा तो गोपी के दिमाग में उक्ति सूझी घर से शहर करीब आठ किलोमीटर दूर था। वहाँ जाकर ट्रकों के सामान उतारने चढ़ाने का काम शुरू कर दिया। उससे भी जब काम न सपरता दिखा तो साहूकार से उधार ले लेता जैसे तैसे गाड़ी चल पड़ी थी। उधार न चुका पाने से साहूकार के हद में रहना होता।

स्नातक की परीक्षा उत्तीर्ण करते ही राधे नौकरी तलाश करने लगा। उसे वाराणसी मलदहिया में एक ऑफिस में बाबू की नौकरी मिली। वह घर आया, बाबू.....मुझे ऑफिस में बाबू की नौकरी मिल गयी है।

बेटा..........! तुझे लेकर मैंने कितने ख्वाब बुने हैं। तुझे अधिकारी के रूप में देखना चाहता हूँ।

अब मैं आपके कंधे पर बोझ डालना नहीं चाहता। श्याम के डॉक्टरी की पढ़ाई इतनी महंगी है कि आप पूरा न कर सकेंगे, दो नाव पर चढ़ने से ऐसा न हो दोनों ही हाथ न लगे।

गोपी – "तुम कहना क्या चाहते हो ?"

राधे – "यही बाबू, कुछ दिन से देखता हूँ कि आप स्वस्थ नहीं दीखते, ठीक से खाते भी नहीं।"

गोपी – "ऐसी बात नहीं है बेटा, तुम दोनों खूब पढ़ों उसी में मुझे उत्साह और आनंद मिलता है। फिर करना ही क्या है ? घर भी तो नहीं बैठा जायेगा।"

राधे – "बाजार में क्या काम करते हैं बापू ?"

गोपी – अरे !" बाप से कहीं प्रश्न किया जाता है ? तुम पढ़ाई करो, पढ़ाई, तुम्हें खर्च दूँगा, झक मार कर दूँगा।"

राधे – "आपने उत्तर नहीं दिया ? लोग पूछते हैं आपके बापू क्या करते हैं ?"

गोपी – "कह देना मुनीम है।"

राधे – (सिसकते हुए) नहीं झूठ बोलते हैं बापू....झूठ।

उन्होंने बेटे को आँखे गुरेरते उच्च स्वर में कहा – "तुम अपना काम करो मैं अपना, ऐसा न होगा ? कल से ट्रक के सामान उतारने मैं जाऊँगा ....मैं। मैंने आपको सामानों के गट्ठर लादे ट्रक पर चढ़ते और पांव फिसलने पर गिरते देखा है बापू , (नहीं चाहता) आप अपने को हमारी पढ़ाई में खपा दे,

आपके न रहने पर क्या करूँगा डिग्री ? मैं अफसरी नहीं आपको चाहता हूँ। बापू.......आपको। मेरे भगवान् आप हैं। (रुंधे कंठ बोला।)"

गोपी स्तब्ध खड़ा कभी शून्य तो कभी दीवारों को देखने लगा। करुणा - भूत हृदय में ममता के अंकुर फूट पड़े थे, उसने बेटे को हृदय से लगाते कहा – "लेकिन राधे याद रखना.....भाई के काम भाई बहुत कम आता है

मुझे अपने छोटे भाई पर विश्वास है बापू ! वह कभी नहीं बदल सकता।

उसने बापू की आज्ञा ली और श्याम की पढ़ाई का सम्पूर्ण भार स्वयं ओढ़ते हुए कहा - 'उसे मैं पढ़ाऊँगा बापू। अब आपको चिंता करने की आवश्यकता नहीं। वह चला गया और वाराणसी के एक ऑफिस में काम करने लगा। माह बीता पर वेतन न मिला। उसने मालिक से निम्न स्वर में कहा – सर ! भाई की फीस के पैसे भेजने हैं। भेज देना अभी पैसे नहीं है, इतना कह वह भीतर चला गया। बगल ही मिष्ठान भंडार था। उसमें कार्यरत एक व्यक्ति ने राधे को गिड़गिड़ाते देखा था। अरे भाई...आप जहाँ काम करते हैं वह मालिक निकम्मा और बेईमान है। वेतन माँगने पर यही कहा होगा न कि पहले एक दो माह ट्रायल पर रखता हूँ फिर वेतन देता हूँ। स्वीकार न हो तो दूसरी जगह देख लो। कब देने को कहा है जी, दो दिन बाद। सुनने से राधे का चेहरा पीला पड़ गया।

देख लो मगर मुश्किल है। उस आदमी ने कहा।"

दो दिन बीते तो राधे ने मालिक से पैसे मांगे। उसने झल्लाते हुए कहा – पैसा ! पैसा !! पैसा !! कान खोलकर सुन लो। मैं दो माह तक ट्रायल पर रखता हूँ फिर काम पसंद आने पर नियमित वेतन दूँगा। पहले ही कह चुका हूँ।

सरासर अन्याय है बाबू जी, घोर अत्याचार, घिनौना पाप किसी गरीब की आत्मा को दुःख नहीं देना चाहिए। मेरा भाई कॉलेज से निकाल दिया

जायेगा। वह मायूस हो बच्चों सा रोने लगा। रोने से भीड़ जमा होने लगी। तभी मालिक ऑफिस बंद कर चलता बना। भीड़ इकट्ठा देख उधर से गुजरते हुए पुलिस अधीक्षक ने रुककर कारण पूछा और दूसरे दिन अपने कार्यालय में मालिक और राधे को बुलाकर समझौता कराया।

*****

वर्तमान युग में पढ़े - लिखे सड़कों पर चप्पल पिस रहे और नौकरी ढूँढ रहे हैं जबकि नौकरी अनपढ़ों को खोज रही है। स्पष्ट है कि किसी भी कार्य या प्रतिष्ठान को चलाने हेतु मजदूर चाहिए। मजदूर योग्यतानुसार छोटा बड़ा सभी काम कर सकता है किन्तु पढ़ा – लिखा, छोटा काम नहीं कर सकता। वाराणसी नगर में राधे मोहन को जब लिखने – पढ़ने या मुनीमी का कोई काम न मिला तो उन्होंने भाई को पढ़ाने हेतु मजदूरी करने का मन बना लिया। मिठाई के एक कारखाने में उनकी भरती हुई सामान परोसने से पानी पिलाने जैसा कार्य करना होगा। उन्होंने मालिक को नहीं बताया कि मैं स्नातक पास हूँ।

कार्य के प्रति तत्पर रहते हुए शीघ्र ही राधे मालिक का चहेता बन गया। वेतन भी अधिक मिलने लगा। समय – समय पर भाई को पढ़ाई के खर्च भेजता, कभी – कभी मालिक से एडवांस भी लेना होता जिसे वह अतिरिक्त कार्य करके चुकाता। उसके परिश्रम और ईमानदारी से दुकान की आय काफी बढ़ गयी।

करीब वर्ष भर बाद राधे गाँव गया था, दादी और बापू के लिए नये कपड़े पड़ोस के सहतू दादा के लिए स्टील की चुनौटी। इस बार गाँव में उसे खूब सम्मान मिला। उसे देख कानाफूसी होती। बहुत ही भाग्यशाली है गोपी दादा, बड़े लड़के को शहर में बाबू की नौकरी और छोटा डॉक्टर होने वाला है। देखते ही देखते तस्वीर बदल जायेगी। ईश्वर सब को राधे और श्याम जैसा

नेक पुत्र दें। राधे दो दिन की छुट्टी पर आया था, जाते समय बिरजू दादा ने दसों नह जोड़े कहा – "बेटवा हम पर मेहरबानी करो। मेरे बेटे को मोट महीन कौनो नौकरी दिलवा दो बेटा हमारी भी बुढ़ाई कट जायेगी।

राधे – "ठीक तो है काका किन्तु अब कहे हो तो चलकर नौकरी ढूँढता हूँ। नौकरी आसान नहीं रही , कुछ तो ऐसे हैं काम कराकर भी पैसे देने में ना नुकुर करते हैं।

दिन बीतता गया, श्याम की पढ़ाई भी कुछ ही दिन शेष थी। भाई डॉक्टर बनेगा तो माँ के सोचे सपने साकार हो जाएँगे। वह सदैव कहा करती थी कि मेरा बेटा डॉक्टर बनकर इस गाँव में अस्पताल खोलेगा। मैं तो माँ के नाम से ही अस्पताल खोलने को कहूँगा। वह बेचारी दवा के लिए मर गयी। राधे की आँखों में माँ की ममता उमड़ आयी और भावुक हो उठा। यदि माँ होती,तो देखती उसका छोटू बहुत बड़ा डॉक्टर बनने जा रहा है। धूम धाम से उसकी शादी करूँगा, मुझे भी अब हलवाई की नौकरी नहीं करनी होगी।

रविवार के दिन रेस्टोरेंट भरा होता। छुट्टी का दिन होने से अक्सर लोग बाहर घूमने निकलते हैं। वह वेटर की भाँति मेजों पर नाश्ता लगा रहा था। आपको क्या चाहिए ?

गोपी ने बेटे की आवाज पहचान ली, राधे.....! यही तेरा ऑफिस है। सुबह से यहाँ के ऑफिसों के चक्कर काटते थक गया। प्यास न लगी होती तो तू मिलता भी नहीं।

राधे को जैसे सांप सूंघ गया हो। नीचे की जमीन खिसकती प्रतीत हो रही थी, वह कहीं गिर न पड़े.......मैं बापू से झूठ बोला था।

दुकानदार मिट्ठन को समझते देर न लगी कि राधे के बापू आये हैं, किन्तु ग्राहकों के भीड़ से वे काउन्टर कैसे छोड़ते ? वैसे भी नौकरों की कमी

थी। उन्हें आश्चर्य तब हुआ जब उन्होंने देखा राधे बापू के पास न बैठ ग्राहकों को उनके पसंद का सामान देने में तत्पर हो गया। राधे की कर्तव्य परायणता का मिठ्ठन कायल था। समग्र सुख – सुविधाओं के पश्चात् भी वह पुत्र – सुख से वंचित था एक पुत्री थी। बेटी सुधा को पुत्री और पुत्र दोनों मानता था। सुधा भी पढ़ी – लिखी और सुशील थी। उसकी हार्दिक इच्छा राधे को दामाद बनाने की थी किन्तु पत्नी विरोध करती एक तो वह पढ़ा – लिखा नहीं है, दूसरा गरीब है।

मध्यान्ह के समय भीड़ कम हुई तो मिठ्ठन गोपी के पास आया और अभिवादन के पश्चात् बोला – बाबू जी ! आज आपको नहीं जाने दूँगा। चलिए आराम कीजिए शाम को बातें होगी। भारी मन गोपी बोला – "मुझे एक भी क्षण रुकना पसंद नहीं।

'क्यों .....! क्यों !! कोई भूल हुई है क्या ?'

'ऐसा नहीं है सेठ,

'सेठ नहीं मिठ्ठन कहिए...., बेटा मिठ्ठन और हाँ, आज आप रूककर मेरे परिवार को आशीर्वाद देंगे।'

गोपी – 'मैं न कोई संत हूँ न देवता। जहाँ तक मेरी समझ है तो गाँव में निवास करने वाले किसी गरीब के पास धरती पर भार बनने से अधिक क्या होता है ? जब बाप को बाहर रहने वाले बेटे भी ठगने लगे तो....।"

राधे – "बापू...., ऐसा न कहो बापू, गाँव का प्रत्येक घर मंदिर हैं जिसमें रहने वाले प्रत्येक गरीब देवी.....देवता हैं। यदि कोई इस सृष्टि पर महात्मा है तो वही हैं। उनमें न छल है न प्रपंच, न किसी को धोखा देते हैं न ही धन के पीछे भागते हैं।"

मिट्ठन – "वाह राधे, वाह ! खूब कहा। इतना कम पढ़ा – लिखा होते हुए भी कभी – कभी पढ़े – लिखों से बड़ी बातें कह देता है। धन्य है, ईश्वर सबको राधे सा ही बेटा दे।

गोपी के माथे पर सिलवटें पड़ी.....'कम पढ़ा लिखा' क्यों कहा ? स्नातक की पढ़ाई कोई कम है ?

मिट्ठन के आग्रह पर गोपी रुका, खिदमद में बेटी और उसकी पत्नी स्वयं थी। वार्ता के मध्य गोपी ने कहा – "धन्य हो मिट्ठन, तुम्हारी बेटी अच्छे गुण और संस्कार की हैं। बड़े भाग्य वाले को ऐसी औलाद नसीब होती है। बापू जी मैं आपके डॉक्टर बेटे का रिश्ता मांगती हूँ। धन दौलत से घर भर दूँगी उसकी पत्नी ने कहा।

गोपी – "किसी के घर भरने से किसी का घर नहीं भर सकता, जब तक ईश्वर न चाहेगा। मेरे धन तो मेरे दोनों बेटे हैं। चलते – फिरते धन ने उनका मूल्याँकन नहीं हो सकता। मेरे दोनों बेटों में राधे बड़ा है, पहले तो उसी का विवाह होगा फिर सोचूँगा। डॉक्टर का विवाह अभी न होगा। हो न हो वह किसी डॉक्टर लड़की से ही विवाह करे। आज के पढ़े – लिखे लड़कों के विषय में कुछ कहा भी नहीं जा सकता।

दूसरी सुबह गोपी घर को तैयार हुआ तो सेठ ने उसके लिए कपड़े, मिठाईयाँ आदि भेंट करते कहा – "फिर आइएगा। जाओ राधे अपने बापू को बस में बैठा आओ। जी, कहकर वह बापू के साथ जाने लगा। बस खड़ी थी। उसमें गोपी बैठ गया। पाँव छूते राधे की आँखें भर आयीं। मन भारी होने से चाहकर कुछ बोल न सका। तभी गोपी बोला – "मुझे तुम पर फर्क हैं पुत्र, एक भाई के प्रति तुम्हारा त्याग और समर्पण अनुकरणीय है। तुमने मिसाल स्थापित किया है।"

राधे – "सच बापू ! पिता की दृष्टि में जो पास हो गया तो उसे सब कुछ मिल गया। अब मुझे कोई कामना नहीं है "

बस शनैः – शनैः चल पड़ी, वह बापू के लिए सिसकने लगा। पिता की महनीयता जीवन में उस सघन छाया सम्पन्न वृक्ष की भांति होती है जो स्वयं वर्षा शीत और ताप को सहते हुए संतान को सुख प्रदान करता है। मन भारी था। वृक्ष के किनारे बने चबूतरे पर बैठ गया, बचपन की विविध स्मृतियाँ बादलों सी मन – मानस पर उतर पड़ी। माँ का साया हटा तो माँ और बाप दोनों का बोझ बापू ने ओढ़ लिया। माँ के रूप में सरल बनकर दोनों भाइयों को दुलराते खिलाते, सुलाते और सख्त बन अनुशासन और नैतिकता की शिक्षा देते। दुःख को मुस्कराते स्वयं सहन कर लिया किन्तु हमें अभाव न महसूस होने दिया।

बस चली जा रही थी गोपी आत्मचिंतन में निमग्न था। स्वयं को एक मुल्जिम समझ रहा था, राधे का मुल्जिम। जो काम उसे करना था वही उसके बेटे ने किया। मिठ्ठन ने छोटे बेटे का हाथ माँगा उसके इस व्यवहार से पिता आहत था। उसे सोना और चाँदी की कोई परख नहीं, राधे सोना है तो श्याम चाँदी, इतने दिन साथ रहकर भी राधे की परख न कर सका था। दोनों ही मेरे बेटे हैं लेकिन दोनों क्या हैं ? यह मैं जानता हूँ।

मैं आपके डॉक्टर बेटे का हाथ मागती हूँ। राधे ने भी छुपकर बात सुन ली थी। उसे सुधा का स्वभाव पसंद था। प्रायः ही उससे खुलकर बातें कर लेता था। राधे के बात व्यवहार से वह खुश रहती। बातों ही बातों में सुधा ने राधे से पूछा कि कितना पढ़े लिखे हो तो उसने दसवीं पास बताया था। एक बार सुधा कॉमर्स के एक प्रश्न को नहीं समझ पा रही थी, जिसे समझने गर्मी के दिनों में अपनी सहेली के घर जाना चाहती थी, जिसे राधे ने जादुई अंदाज में

समझाकर उसके हृदय में स्थान बना लिया था। सफाई में उसने कहा – 'पढ़ाई से अधिक कढ़ाई होती है।'

राधे की विवेक कुशलता को देख मिट्ठन ने उसे बाजार से सामान खरीदने और मिठाई के कारखाने का इंचार्ज बना दिया। जिम्मेदारी तो बढ़ी किन्तु पैसा नहीं, राधे जानता था कि मालिक बहुत कंजूस हैं। उसे इंतजार था कि भाई जहाँ डॉक्टर हुआ कि यह नौकरी छोड़ दूँगा।

रात्रि के नौ बजे थे, वह अपने कक्ष में था, सुधा ने पुकारा – राधे के दिल में आया कि कुछ न बोले, चुप रहा तो वह आ गयी। कहो क्या बात है ?

माँ जी ने बुलाया है दोनों की निगाहें एक हुई तो सुधा ने मुस्कुराते पूछा – अकेले रहना अजीब सा नहीं लगता.....?

राधे – 'अकेले हूँ तो दूसरा कहाँ से बुला लूँ ? अब तो आदत सी हो गयी है।

सेठानी ने कहा – सुधा के कक्ष में बिजली नहीं है, कोई बिजली वाला हो तो बनवा दो।

दुकानें बंद हो चुकी होगी, मैं ही देख लेता हूँ। करीब आधे घंटे के प्रयास के पश्चात् बिजली ठीक हो गयी उसने कमरे में दृष्टि दौड़ाई बिजली ठीक करते समय मेज पर रखी एक डायरी नीचे गिर गयी थी उसमें तस्वीर सीधी पड़ी थी। हृदय धड़क उठा, यह तो मेरी तस्वीर है, आश्चर्य, इसे कहाँ मिली ? कक्ष से बाहर निकलते समय स्मरण हुआ, छोटे भाई श्याम की फोटो मालिक ने मंगवाई थी, शायद वही होगी। तस्वीर में उनका भाई भी उसी की तरह लगता है। किन्तु निगाहें धोखा कैसे खा गयी, हृदय की हलचल ने उसे वापस कक्ष में जाने हेतु मजबूर कर दिया, यह पहला अवसर था कि उस कक्ष में

प्रविष्ट हुआ था। उसने तस्वीर उठा ली। सहसा स्मरण हुआ, सेठानी ने कहा था की मैं उसके डॉक्टर बेटे का हाथ मांगती हूँ। उसने उसे जेब में रख लिया।

दिन भर काम में मन न लग रहा था, उसे आश्चर्य तो इस बात का था कि फोटो के पृष्ठ भाग पर पेन्सिल से 'आई लव यू' स्पष्ट लिखा था। हे ईश्वर ! कहीं वह मुझे प्रेम तो नहीं करती.....नहीं, कहाँ मालकिन की अमीर बेटी कहाँ वेटर वह स्वयं को कोसने लगा, तुमने कुछ अधिक ही प्रदर्शन किया था राधे....! बगैर कुछ खाये – पिये कक्ष में चला गया, छत को घूरते बोला – 'प्रेम एक धुआं है जो हृदय में उमड़कर मन – मानस और नेत्र पर छा जाता है....। आश्चर्य घोर आश्चर्य उसे मेरी तस्वीर कहाँ मिली....? दूसरा – मुझे चाहती है तो माँ के यह कहने पर कि डॉक्टर बेटे का हाथ मांगती हूँ पर उसने कोई विरोध न किया।

आत्मा ने धिक्कारा – मूर्ख राधे ! तू अपनी औकात भूल रहा है। तेरा भाई डॉक्टर होने जा रहा है और तू दुकान का मामूली वेटर.......जिसकी अहमियत क्या है ? प्रत्येक लड़की में यह सोच होती है कि उसका विवाह योग्य पढ़े – लिखे व्यक्ति से हो जिसमें आकर्षण पुरुषार्थ और धैर्य हो....। कुछ सोच वह हंस पड़ा – तेरी पत्नी भले न हो सके किन्तु भाई की पत्नी के रूप में देखने को तो मिलेगी।

माह के अंत में डॉक्टरी की डिग्री मिल गयी, संयोग ही कहो कुछ दिनों बाद, जौनपुर के सरकारी अस्पताल में भी वह प्रथम बार डॉक्टर नियुक्त हुआ।

राधे की ख़ुशी का ठिकाना न था, वह भाई से मिलने जौनपुर गया, रास्ते में सोच रहा था कि श्याम को सबसे पहले गाँव चलने और बापू का आर्शीवाद लेने को कहूँगा। गाँव में माँ यशोदा देवी के नाम खूब बड़ा अस्पताल खोलने को कहूँगा। वह सरकारी अस्पताल पहुँचा। यात्रा की थकान से कपड़े अस्त – व्यस्त थे, सूट – बूट, टाई में फिट उसका भाई अपने

कक्ष में था। उसकी दृष्टि राधे पर पड़ी उसने इशारे से बुलाया और बोला – 'आप बाहर बेंच पर बैठिये मैं काम निपटा कर आता हूँ।

करीब तीन घंटे की प्रतीक्षा के पश्चात् श्याम आया। दोनो भाई कमरे पर पहुँचे, नौकर ने पूछा – ये आपके कौन हैं ? श्याम ने बताया घर के ही हैं।

राधे को जैसे एक साथ सैकड़ों कोड़े लगे हों। राह भर तो सोचता आया कि श्याम मुझे देखते ही काम छोड़कर दौड़ेगा, पहले पाँव छूकर आशीष लेगा फिर भैया.....मेरे भैया आये हैं, खूब खुश होगा। क्या खायेंगे भैया ? आँखें भर आयी थी, सपने विखंडित हो गये थे। हतप्रभ हारे जुआरी सा अपने आपको कोसने लगा। सच कहा था बापू ने कि भाई – भाई का नहीं होता। यहाँ तो नौकर से भाई बताने में संकोच है तो किसी और से तो गाँव में मेरे खेती में काम करता है बताने में संकोच न करेगा। आवास से बाहर लॉन और पेड़ लगे थे। वह बाहर मायूस मन से निकल गया। यह वही भाई है जिसे पढ़ाने में एक समय की रोटी तोड़ीं और बारह – बारह बीस – बीस घंटे काम किया और ईनाम में...... । नहीं राधे, श्याम ऐसा नहीं हो सकता ! भाई कहने से क्या ? घर के हैं यह कोई कम नहीं। वह कुछ देर आकाश में निकले चाँद को निहारता रहा फिर लौट आया।

आँगन में कुर्सियाँ बिछी थी, एक पर बैठ गया। चाय का प्याला लिए नौकर आया तो उसने पूछा – हाथ मुँह धोना है। उसने बाथरूम दिखाया जिसमें हाथ मुँह धोया फिर चाय पीने लगा। डॉक्टर का लिबास पहने एक नर्स प्रविष्ट हुई। इतनी रात में इसका क्या काम ? खैर शहर में रात और दिन बराबर ही होते हैं ?

हाय हेलो के पश्चात् दोनों कमरे में जाकर घंटों बातें करते रहे, राधे को नागवार लगा, उसे सब पसंद था किन्तु चरित्रहीनता नहीं, क्रोध से चेहरा लाल

हो चुका था, कक्ष का द्वार खुला, राधे स्वयं को न रोक सका। श्याम....! किसी परायी स्त्री के साथ एकांकी कमरे में रहने का क्या मतलब....?

राधे......! नहीं देखा जाता तो चले जाओ। यह मेरी होने वाली बीवी है। वाह भाई ! वाह ! जिस बाप ने तुझे मुसीबत से पढ़ाया, धूम – धाम से शादी के सपने देख रहा है और तू.....!

श्याम – "हाँ मैं, एक डॉक्टर हूँ। मेरा एक स्तर है, ऊँचा समाज है, तुम्हारी तरह कप – गिलास नहीं धो रहा हूँ।

नर्स मिली ने पूछा – ये कौन है......श्याम ....?'

श्याम – 'न ही पूछो तो अच्छा है, ये मेरे गाँव के हैं और इन्हें मेरी साहिबी रास नहीं आ रही है।

राधे – चटाक......। उसने हाथ चला दिया।

श्याम – "तेरी ये मजाल ! एक सरकारी डॉक्टर पर हाथ उठाने के आरोप में जेल काटना पड़ेगा, पुलिस आये इससे पहले यहाँ से चले जाओ। गाँव में रहने वाले, छोटे लोगों में उठने – बैठने वाले से इससे अधिक क्या अपेक्षा ? सभी भौंचक्के दोनों को देख रहे थे। राधे उठा और बाहर निकल गया इस समय रात्रि के करीब ग्यारह बजे होंगे, दिन भर में एक चाय नसीब हुई थी। जाते समय जितना खुश था उससे हजारों गुना दुःख से सिर फटा जा रहा था। सच है, चरित्रहीन व्यक्ति संस्कारहीन से भी निम्न होता है। दुनियाँ में डॉक्टरों की कमी नहीं वे बोलते हैं तो मधु बरसता है और मेरा श्याम......हे ईश्वर कहाँ से उसमें कमी आयी ? उसने जब भी जितने भी रूपये मंगवाये भेजे और इतनी जल्दी वह सब कुछ भूल गया। बापू सुनेंगे तो क्या होगा ? इतना बड़ा सदमा कैसे बर्दास्त कर सकेंगे ? नहीं .....! नहीं !! कुछ न बताऊँगा। उसकी आत्मा ने झिझोरा राधे ! जब तू दूसरे को डॉक्टर बना सकता है तो तू

भी कुछ क्यों नहीं बन सकता ? श्याम ने यही कहा था न कि इन्हें मेरी साहिबी पर ईर्ष्या है, ये गंवार है..........तो तू उससे मारपीट कर झगड़ा करके बदला नहीं लेगा। तेरी इच्छा वकालत पढ़ने की थी। बापू को जब मालूम होगा कि मैं वकालत पढ़ रहा हूँ तो मानो तीनों लोक उन्हें मिल जायेगा। मिट्ठन और सुधा भी मेरी अनपढ़ी का मखौल उड़ा चुके हैं। पढ़ो, पूरी ऊर्जा लगा दो राधे। बस में बैठा राधे सोचता रहा। क्या सोचा था हुआ क्या.....? बस बनारस पहुँची, रात्रि के एक बजे थे, वह गाँव पहुँचा चुपचाप लेट गया, आँखों से नींद काफूर थी, उसे दुःख इस बात का था कि जो श्याम कभी उसके सामने पड़ने पर कन्नी काटता सामने बोलने अथवा उठने – बैठने में तहजीब रखता, वह श्याम कहाँ चला गया...? कहाँ खो गये वे संस्कार ? अश्रुपूरित हो उठा, अरे ! उसे उसी नर्स से शादी करनी थी तो करता लेकिन परिवार को विश्वास में रखकर। डॉक्टरी की परीक्षा पास किया, नौकरी मिली, एक भी बार बापू के आशीर्वाद की आवश्यकता न समझी नहीं ....। नहीं !! नहीं .....!!! पुनः सिसकने लगा। रोने से आँखें लाल थी। उसके सपनों की दीवार टूट गयी थी। कितने परिश्रम के रूपयों से उसे पढ़ाया था। आत्मा इतना क्षुब्ध कभी न हुई थी।

अगले ही दिन उसने मिट्ठन से पैसे लेकर ला में नामांकन करा लिया। रात्रि में क्लास लेता था। वह नहीं चाहता कि सुधा अथवा मिट्ठन के परिवार को कुछ बताये। दिन बीतता गया, दिन भर काम करता, रात को क्लास लेता, लोगों के पूछने पर यही बताता कि टाइपिंग सीख रहा हूँ । वह माह में दो बार गाँव पिता जी से मिलता, उनके लिए दवाइयाँ लाता। कई बार उसके पिता पूछते – "श्याम नौकरी पाने के बाद भी न आया न ही पैसे ही भेजे। वह ठीक तो है ? तुमसे कोई बात हुई थी ? हाँ बापू – हाँ, मैं छोटू से मिलने गया था।

तब बापू बोले – "बेटा तभी तो मैं कह रहा था कि भाई से श्रेष्ठ मित्र और उससे बड़ा दुश्मन कोई नहीं होता।

गोपी ने कहा - 'भले बता दिये बेटा, नहीं तो मैं जाने वाला था। मैं तो पहले ही समझता था कि वह निहायत स्वार्थी सोच का है। राधे ने अपनी पढ़ाई की बात बताई तो गोपी इतना खुश हुआ जैसे निधि मिल गयी हो।

इस बार दीपावली की शाम, मिठाइयों का डिब्बा लिए मिट्ठन राधे के गाँव आया। गाँव में गोपी से मिला राधे दुकान पर था। मिट्ठन के कुछ कहने से पूर्व गोपी ने कहा – 'क्या करूँ भैया! बच्चे जब बड़े हो जाते हैं तो उन्हें बस वर्तमान ही दिख पड़ता है। डॉक्टर हुए चार वर्ष गुजर गये किन्तु श्याम आज तक न आया, यह कहते गोपी की आँखें भर आयी और गला रूँध गया। उसके लिए जैसे हम सब मर गये हैं।

मैं श्याम का नहीं राधे की बात करने आया हूँ राधे हजारों डॉक्टरों से भी अच्छा और श्रेष्ठ है, वह हीरा है भैया और मेरी बेटी उसी के साथ खुश रहेगी।

गोपी – यह कैसे संभव है मिट्ठन, कहाँ आपकी बेटी पोस्ट ग्रेजुएट और राधे हाई स्कूल पास।

मिट्ठन – "टाइप सीख रहा है, फिर हमें जैसे दामाद चाहिए वह योग्यता राधे में है।

गोपी –"उससे विवाह के लिए अभी साल भर रुकना होगा।"

मिट्ठन- साल क्या, कई साल रुक सकता हूँ किन्तु शादी करूँगा तो राधे से ही। राधे अपनी सफलता को छिपा न सका – कारण था अंतिम वर्ष उसने बनारस विश्वविद्यालय में सर्वश्रेष्ठ अंकों के साथ ला की परीक्षा उत्तीर्ण की। समाचार पत्र में चित्र के साथ खबर छपी।

मिट्ठन के ख़ुशी का पारावार न था। उसने गाँव से गोपी को भी इस ख़ुशी के मौके पर बुलाया। खूब मिठाइयाँ बांटी गयी। बेटी की शादी एक कम पढ़े – लिखे नौकर के साथ होगी .....? सदैव रट लगाने वाली सुधा की माँ राधे से शर्मिंदा थी। सुधा ने मुस्कुराते कहा – "मैंने तो प्रथम दृष्टि में ही पति मान लिया था।

संयोग से कहिए, उसी वर्ष न्यायाधीश की परीक्षा हुई और राधे न्यायाधीश की परीक्षा में भी अव्वल आया। अब उसे नौकर – चाकर, लाल बत्ती मिली, धूमधाम से सुधा से विवाह हुआ जिसमें श्याम भी आया था। मिट्ठन ने शादी की ऐसी व्यवस्था की थी जो बनारस शहर के लिए मिसाल थी। ओहदेदार अधिकारी, लालबत्ती नेता, मंत्री आदि की गिनती न थी। गोपी ने पूरे गाँव के लोगों को नये कपड़े दिलवाया और बारात में बुलाया था। बाप की जो इच्छा एक डॉक्टर बेटा न पूरा कर सका वह उसको राधे ने पूर्ण कर दिखाया। श्याम अपने किए पर शर्मिंदा था। उसने बापू के पाँव छू आशीर्वाद लेना चाहा किन्तु गोपी ने पाँव हटाते कहा – "तू तो उसी दिन मर गया जब डॉक्टर हुआ और मिलने न आया। मेरे एक ही बेटा है राधे। राधे के सिवा मेरा कोई नहीं है

राधे – नहीं बापू नहीं ! भूला सही राह पर पहुँच जाये तो भूला नहीं होता, एक बार फिर कह दो बापू – सोना ! चाँदी – गोपी ने दोनों को गोंद में भर लिया और पुचकारते हुए कहा – तू मेरा सोना है तू मेरी चाँदी।

खोटा सिक्का

बुढ़ापा भी कितना दुखद होता है। जीवन भर अथक श्रम से कमाकर जगह – जमीन, भवन आदि बनवाने में रामलखन ने स्वयं को खपा दिया। बेटों को उच्च्च शिक्षा दिलाने में पानी की तरह पैसा बहाया, खुद दुःखी रहकर बच्चों को कभी कष्ट या तनाव में नहीं रहने दिया। वही बाप आज वृद्ध हुआ तो दोनों बेटों के लिए बोझ बन गया। रामलखन के दो बेटे हैं बड़ा अनुपम जो राष्ट्रीय-कृत बैंक में अधिकारी है। दूसरा अनुभव पुलिस कप्तान है। दोनों ही ओहदेदार। समाज में राम लखन का सम्मान है। वह भी समय था जब पत्नी मैना सिलाई – कढ़ाई करके जो कमाती उससे घर चलता और मैं एक प्राथमिक विद्यालय में प्रधानाचार्य पद से सेवा निवृत्त होकर घर पर ही रहने लगा था। बच्चों की पढ़ाई के खर्च के लिए ट्यूशन पढ़ाता और खेती बाड़ी से पैसे बचाये। जब पैसों की और आवश्यकता पड़ी तो दो बीघा खेत भी गिरवी रखना पड़ा। और मैंने पत्नी को समझाया – भाग्यवान गहने रखकर क्या करोगी। बेटे ही हमारे गहने हैं। वे अपनी एक माह की कमाई से सभी गहने बनवा देंगे। न चाहते हुए भी मैना के गहने बिक गये। वही माँ जब मरी तो उसके दोनों बेटे महज एक दिन के लिए आये और यह बताकर चलते बने पिताजी मुझे जरुरी काम है।

पिता ने समझाया माँ से भी जरुरी.......?

हाँ पिता जी, 'न गया तो नई नौकरी है खतरे में आ जायेगी।

दूसरे ने कहा- न गया तो प्रमोशन रुक जायेगा। वैसे भी कमरे पर सरिता के अलावा कौन है ? आप जानते हैं कि वह रात को अकेले डरती है।

दोनों बेटे चले गये, रामलखन ने पत्नी की तस्वीर को सामने रख कर कहा – "मैना ! तुम्हारा कहना सत्य हुआ, यही कहती थी न कि कोई किसी को नहीं पूछता, न बेटा न बहू। एक आपके सिवा सभी रिश्ते कागजी हैं। आपके कहने से जेवर बेच रही हूँ वरना न बेचती।

तुम्हारा प्रत्येक वाक्य सत्य निकला मैना । मैं अब किसके सहारे जिऊँ.......मुझे भी अपने पास बुला ले ....मैं अकेला हो गया मैना, वह बच्चों सा रोने लगा।

*****

संध्या का समय था आकाश में बादल धमा चौकड़ी कर रहे थे पछुआ पवन से शीत का प्रकोप बढ़ गया था। लखन तीन दिन से ज्वर और खांसी से परेशान था। खाँसते – खाँसते शरीर कमजोर हो चुका था, वह अलाव के समीप बैठा लहसुन तेल में गर्म कर पसलियों और सीने की मालिश करने लगा। जैसे – जैसे उसे आराम मिलता गया वैसे ही उसका अन्तर्मन अतीत में खोता चला गया। वह माँ – बाप का इकलौता था, बचपन लाड़ प्यार में बीता, बड़ा हुआ तो पढ़ाई प्रारंभ हुई, उसे कुश्ती लड़ने का भी शौक था। अखाड़े में जल्दी मेरा जोड़ नहीं मिलता। यही शरीर है राम लखन....जो आज जर्जर हो गया है। जीवन भर मैं किसी के समक्ष हीन या झुककर नहीं जिया। आज जरावस्था में पत्नी ने साथ छोड़ दिया। यहाँ तो लोग कहते हैं बेटों के पास चले जाओ किसी अच्छे डॉक्टर को दिखा देंगे लेकिन मेरी हिम्मत ही न होती किसके पास जाऊँ। बेटों के पास ख़त भेजा फोन कराया कोई आया नहीं, मैं यहीं मर जाऊँगा मगर कहीं न जाऊँगा। उन्हें वर्तमान की चकाचौंध में अतीत भूल गया कि हफ्ते – पंद्रह दिन पर पैसों की फरमाइश हो जाती। उन्होंने कभी सोचा कि पैसे पिता जी कहाँ से भेजते हैं। पैसों का पेड़ तो था नहीं किसी तरह अपनी और पत्नी की सुविधाओं को संकीर्ण कर पैसे भेजता था।

अरे मैना ! तू भी यही चाहती है कि बेटों के पास जाकर दवा करा आऊँ तो ठीक है, तुझे तो सदैव अपने ओहदेदार बेटों पर गर्व था। दूसरे ही दिन मैं इलाहाबाद बड़े बेटे के यहाँ पहुँचा। अरे ! यहाँ तो बहू और उसकी माँ का शासन है। मेरे यहाँ आने पर कोई खुश हुआ तो मेरा नाती राहुल शेष लोगों को तो जैसे लकवा मार गया हो। दूसरे दिन मैंने बेटे से कहा – "बेटा मुझे कई दिन से बुखार और खाँसी आ रही है। यहाँ तो अच्छे डॉक्टर होगे ? उसने कहा – मुझे तो फुर्सत ही नहीं मिलती पिताजी, सरिता से कहूँगा। दिखा दे। वाह ! बेटा वाह !! तुझे अपने बाप के लिए फुर्सत नहीं। दूसरे दिन सरिता बगल के डॉक्टर को दिखाकर आयी। उसने पति से कहा – 'आप के बाबू जी हमेशा खाँसते और जगह – जगह थूकते रहते हैं इन्हें टीवी के लक्षण लगते हैं। मुझे तो लगता है पूरा घर इस संक्रामक रोग का शिकार न हो जाय।

अनुपम ने कहा – "सरिता क्या ऐसा नहीं हो सकता कि जब तक बापू जी की दवा चले उन्हें नौकरों के लिए बने कमरे में रख दिया जाये।

सरिता – 'सलाह कोई बुरी नहीं है किन्तु उनकी देखभाल कौन करेगा? मुझे तुम्हारा ध्यान देना, बच्चों को तैयार करना, इतने काम का बोझ होता है और थक जाती हूँ। आप हैं प्रातः बैंक जाते और रात को आते हैं।

अनुपम – "तो पिता जी के लिए एक नौकर रख दूँ।

सरिता – खर्च का बोझ तो पहले से आप पर अधिक है। कोई नौकर दो तीन हजार से कम क्या लेगा, ऊपर से सुबह – शाम उसे भी भोजन दो।

अनुपम – "आखिर करूँ क्या...., कुछ समझ में नहीं आता ?

सरिता – 'मेरा कहा तो करेंगे नहीं फिर कहूँ क्यों.....?'

अनुपम – "कहो न, हो न हो तुम मुझसे बेहतर सोचो ?

सरिता – "पिता जी को कुछ दिन के लिए छोटे भईया के पास भेज दो। उनके पास सरकारी बंगला और सरकारी नौकर - चाकर हैं। पैसों के तो जैसे उनके पास पेड़ लगे हों। मलाईदार पद पर जो हैं। पिता जी वहाँ अधिक खुश रहेंगे।

'सुना मैना, तुमने मुझे लड़के के पास दवा कराने भेजा था। यहाँ बेटे की सास और ससुर जी वर्षों भले रहें किन्तु बाप को तीन दिन भी न रख सका, उस बाप को जिसने अपना खून – पसीना जलाकर उसे पढ़ाया और लायक बनाया। सोने का स्वाँग कर मैंने उनकी सारी बातें सुन ली हैं। मेरा घर ही मेरे लिए स्वर्ग हैं। जहाँ जन्म हुआ है वहीं मृत्यु भी होगी।

सूर्य की प्रातः कालीन आरुणिक किरणें धरती को प्रणाम करने उतरी। राहुल हाथ में गेंद लिए दौड़ा आया........दादाजी....दादाजी, मेरे साथ गेंद खेलोगे ?"

नहीं बेटा, मैं तो बूढ़ा हूँ अपने मित्रों के साथ खेलो। बूढ़े ने कहा। सुनों दादा – मेरा कोई दोस्त नहीं, क्या आप दोस्त बन सकते हैं ? नाती की मीठी बोली सुन मेरा हृदय उसे गोद में भर लेने हेतु ललक पड़ा और आगे बढ़कर उसे उठा लिया और माथे को चूमने लगा। स्वर्ग से भी अतीव आनंद की अनुभूति हुई थी। जैसे मुझे सर्वस्व प्राप्त हो गया हो। तत्क्षण सरिता वहाँ आ गयी अरे ! हे भगवान् !! क्या होने वाला है। अनुपम ....यहाँ आओ। वह भी आ गया। देखो अपने पिताजी को, इन्हें ऐसा रोग है कि बेटे को भी हो जायेगा।

अनुपम – पिताजी। आप यही सोचते हैं कि मैं बगैर पुत्र के हो जाऊँ ?'

सरिता – "आपके पूज्य पिताजी बिल्कुल यही चाहते हैं तभी तो बेटे को चूम – चाट रहे हैं। इन्हें तो अपनी उम्र पर न शरम है न हया।

अनुपम – "पिताजी डॉक्टर ने आपको टी.वी. बताया है,बेहतर होगा आप कुछ दिन अनुभव के पास रहें, जिले में सरकारी अस्पताल होता है। आपकी दवा भी निःशुल्क हो जायेगी। आप जानते हैं कि मैं दिन भर बैंक में ही खपा रहता हूँ और सरिता को घर के काम काज से समय नहीं मिलता।

लखन – "सत्य कहते हो बेटा ! सोलहो आने सत्य कहते हो। मैं आज ही चला जाऊँगा।

अनुपम – "अरे आज नहीं कल चले जाना, कोई जल्दी भी नहीं है।"

मैं तो आपके भले के लिए ही कहता हूँ पिताजी।

सरिता – "पिताजी ये ऑफिस जा रहे हैं, बेहतर होता इनके साथ ही दिन भर रहते, कम से कम ये भी तो आपको समझ पाते।

लखन – "चिंता न करो बहू मैं अभी इसी वक्त जा रहा हूँ। मुझे नाती से मिलने की इच्छा थी जब उसके साथ नहीं रह सकता तो एक पल यहाँ क्यों रहूँ ? इतना कहते लखन की आँखें भर आयीं और आँसू चू पड़े। वे अपना सामान समेट रहे थे कि तभी माँ से छुड़ा कर राहुल दौड़ा आया। अरे दादा जी आप रो रहे हैं ? मत रोओ दादा जी पापा और मम्मी आपको घर से निकाल रहे हैं न, बड़ा होकर मैं भी उन्हें निकालूँगा।

सरिता – "हाय राम यह क्या बक रहा है निश्चित ही इन्होंने इस पर कोई जादू टोना कर दिया है। आने दो पापा को आज ही तुम्हारी खबर लूँगी।

लखन की हार्दिक इच्छा नाती को जी भर देखने और चुम्बन लेने की थी किन्तु सरिता के कारण अपनी इच्छा हृदय में दफ़न कर डाला। जाते समय उसने कहा – बहू ! मैं जाता हूँ। झट राहुल दौड़ा आया, प्लीज दादा ! मेरे लिए रुक जाओ....कहो न रुक रहा हूँ। मेरे साथ कौन खेलेगा कौन कहानियाँ सुनायेगा ? वह दादा को पकड़ कर रोने लगा।

लखन की आँखें भर आयी थी, मन कह रहा था कि नाती के लिए रुक जाऊँ। उसने रुंधे कंठ कहा – बेटा ! मैं तेरे लिए खिलौने लाने जा रहा हूँ।

"अरे दादा ! खिलौने की दुकान आपको कहाँ मालूम होगी चलो न मैं दिखाता हूँ। मैं पापा के साथ बहुत बार गया हूँ।

'हाथ से बच्चे का बाल सहलाते लखन ने गमछे से आँसू पोंछ लिए और कहा मैं तुम्हारे लिए चलने वाला घोड़ा लेने जा रहा हूँ।

'वादा करो दादा कल तक जरुर लौट आओगे, नहीं आये तो मैं तुमसे कट्टी ले लूँगा।"

लखन का संयम ध्वस्त हो गया और गमछे से मुँह छिपाये जोर – जोर से रोने लगा। जैसे – तैसे सरिता ने राहुल को पकड़ा और समझाया, दादा कल ही आ जायेंगे बेटा। पाँच सौ रूपये देते हुए सरिता बोली – "ये आपके रास्ते में काम आयेंगे।"

रखो बहू, मेरे पास पैसों की कमी नहीं है। इतना कह कर वह स्टेशन की तरफ जाने लगे। कुछ दूर जाकर उन्होंने पीछे देखा राहुल हाथ हिलाकर अभिवादन कर रहा था। जीवन में यह प्रथम अवसर था कि मैं किसी के लिए इतना तड़पा था। पत्नी निधन पर भी इतना दुःख नहीं हुआ था जितना कि आज.....।

गाड़ी में उसे नींद आ गयी और उसका अचेतन मन सोचने लगा

मैना – "तू सदैव कहती थी, मेरे मरने पर भी आपको क्या चिंता दो – दो बहुएँ और लड़कें हैं। ऐसी सेवा करेंगे कि मुझे कभी याद करने का अवसर ही न मिलेगा। देख लिया तुमने तुम्हारा बड़ा बेटा और बहू दो दिन भी न रख सके। जिनके पढ़ाने – लिखाने में हम दोनों दिन को दिन और रात को रात न समझे वह.......।

मैं छोटे बेटे अनुभव के पास भी जाना नहीं चाहता था, खिड़की पर टिकट लेने गया, यही सोच रहा था कि घर जाऊँ या कानपुर। टिकट बाबू ने पूछा – कहाँ का टिकट चाहिए ? मुँह से कानपुर निकला। रात के कोई आठ बजे होंगे, पूछते – पूछते छोटे बेटे के आवास पर पहुँचा। यात्रा की थकान और कपड़े पूरी तरह गंदे थे। कंधे पर एक पुराना झोला था। धूल धूसरित जूते।

मुख्य द्वार पर पुलिस ने रोका तो गर्व से बताया, तुम्हारे साहब का बाप हूँ। उसने अभिवादन के पश्चात् मुझे बाइज्जत भीतर पहुँचाया। लखन ने महसूस किया कि उसके आने से यहाँ भी कोई ख़ुशी नहीं है। फिर भी वह यही सोच रहा था कि एक – दो दिन में गाँव चला जाऊँगा। रात बीती, सुबह चाय की चुस्की लेते अनुभव ने पूछा – "बापू ! बड़े भईया के पास कोई असुविधा थी ?"

नहीं बेटा, नहीं, किन्तु तुम्हारा अभिप्राय क्या है ?"

'बात अन्यथा न समझियेगा। यहाँ पर तरह – तरह के अधिकारियों का आना - जाना है, किन – किन को बताते फिरूँगा कि ये पूज्य पिता जी हैं।"

हाँ बेटा, "यह तो सोलहों आने सत्य है। आया था दवा कराने लेकिन अब गाँव में ही कराऊँगा। गाँव में भी तो कोई नहीं है।"

पिता जी ! 'एक 'दो दिन रुकें, किसी अच्छे डॉक्टर को दिखाकर घर भेजवा दूँगा।'

छोड़ो बेटा ! बुढ़ापे में रोग आते - जाते हैं। अब तो चलने में ही भलाई है। इतना कहते उसका मन भर्रा आया। बहू अधिकारी की लड़की थी, उसने

कहा – बापू जी ! आज आपको नहीं जाना है ..।" उसने बूढ़े का पाँव छूकर आशीष लिया।

लखन सोचने लगा। जब मेरा ही सिक्का खोटा है फिर क्या ....?

अधिकारी की बेटी होते हुए भी वह कितनी सरल है, दूसरी बहू सरिता कितनी घमण्डी। लखन रात भर रुका। दूसरे दिन शाम को जिलाधिकारी सपरिवार आने को कह दिये। घर की साज सज्जा हुई। अनुभव ने पिताजी से कहा – आप यहीं बैठे रहिएगा। मेहमानों में किसी से न बताइयेगा कि आप मेरे पिता हैं।

"फिर क्या बताऊँगा ?"

'यही कि मंदिर का पुजारी हूँ।'

लखन की अंतरात्मा चीत्कार उठी, भैया लखन ! यहाँ तू क्यों पड़ा है, जब तेरे रहने से बेटा शर्म महसूस करता है तो यहाँ से चला जा।

उसने देखा – "पार्टी में सभी व्यस्त हैं। वह उठा और बाहर चल दिया। रात दस बजे की गाड़ी थी, वह गाँव चला आया।

लखन के घर पहुँचते ही आस – पड़ोस के लोग दौड़े, चुन्नू की भाभी ने पूछा – बाबू मेरे लिए क्या लाये हैं ? बबलू की माँ बोली – कुछ न कुछ तो आया ही होगा। सूरज बोला – 'दादा पाँच दिन में ही क्यों लौट आये ? वहाँ रूककर दवा तो करा लिये होते।

लखन – "बेटा सूरज, अब मेरे दोनों बेटे वो नहीं रहे, दोनों ही बड़े ओहदेदार अधिकारी हैं। उन्हें अब माँ – बाप, घर – द्वार या गाँव देश का स्मरण नहीं रहा। मैं वहां नहीं जाता, तेरी दादी सदैव कहा करती, कभी बेटों के पास नहीं जाते। मैना ! तू बीमार थी बेटों को देखने के लिए तरसती रही किन्तु सूचना पाकर भी वे नहीं आये। तेरे मरने पर एक दिन आकर उन्होंने कहा –

"क्या कहूँ पिताजी बड़े मुश्किल से समय निकालकर आया हूँ। जब माँ – बाप के लिए बेटों के पास समय नहीं है तो ऐसे बेटे न हों तो ही अच्छा। मैना ! तू जिन बेटों पर गर्व करती रही वे नहीं रहे, अब तो घमण्डी और खुदगर्ज हैं। तूने जिन बेटों को पेट काटकर पाला पोसा हाथों के झूलों में झुलाकर बड़ा किया। खुद गीले में सोई उन्हें सूखे में सुलाया उन्हीं बेटों के पास तेरे लिए समय नहीं था।

*****

ठिठुरन भरी सर्दी की रात्रि थी, पछुआ पवन ने......सर्दी और बढ़ा दी थी। अलाव के पास एकाकी बैठा लखन रो पड़ा, कुछ भी हो गाँव के लोगों की आँखों में आज भी हमदर्दी है। भाईचारे की मिसाल गाँव में आज भी जीवित है। तभी तो सूरज मेरी सेवा शुश्रुषा में तनिक कसर नहीं छोड़ता।

दस वर्षों का समय व्यतीत हुआ होगा न लखन ने कोई सन्देश भेजा न बेटों ने कभी गाँव आकर बापू की सुध ली। इन अन्तराल में लखन की बीमारी जटिल हो चुकी थी। वह पूरी तरह बिस्तर से चिपक चुका था। वह प्रायः कहा करता था कि उसका नाती राहुल उसकी खबर लेने अवश्य आयेगा। प्रातः करीब नौ बजे राहुल गाँव पहुँचा अब वह डॉक्टर हो चुका था। उसने संकल्प किया था कि वह दादा के नाम गाँव में अस्पताल खोलेगा।

वह घर पहुँचा उसने देखा – दादा के चारपाई के चारों ओर लोग खड़े हैं। दिल धड़क उठा। दौड़कर दादा की चारपाई पर जा गिरा और दादा को गोद में भर रोने लगा, तुम मुझे छोड़कर नहीं जा सकते दादा.........। आपके नाम का अस्पताल कौन देखेगा। अब मैं अपने माँ – बाप को सदैव के लिए छोड़कर आपके पास आया हूँ। मुझे कहानी कौन सुनायेगा दादा ! वहाँ उपस्थित सभी रोने लगे।

राहुल ने पुनः कहा – "एक बार आँख खोल अपने राहुल को देख लो दादा....आँखे खोलों – अपने अभागे नाती को प्यार नहीं करोगे ? लखन की आँखें खुली। वे मुस्कुराये दोनों हाथ बढ़ाकर राहुल को अंक में भरना चाहा किन्तु तभी वह चिर निद्रा में सो गया।

मानव धर्म

जाड़े का अवसान काल था, पछुंआ हवा से ही ठण्ड का प्रकोप था। ठाकुर राम निरंजन अभी - अभी खेतों से लौटे थे, गन्ना, आलू, चना, अरहर और मटर की फसलें वेजोड़ थीं; मन और हृदय में आह्लाद होना स्वाभाविक था, उन्होंने खेती बाड़ी देखने वाले मुख्य कार्यकर्ता रघुवीर को धन्यवाद देते हुए कहा- “इस वर्ष तुम्हारा वेतन दूना कर दूँगा, तुम्हारे परिश्रम से बहुत खुश हूँ।

निरंजन के पिता रतन सिंह तालुकेदार थे, अंग्रेजों के समय में उन्हें न्याय से लेकर अनेक अधिकार प्राप्त थे, आजादी के बाद जमींदारी गयी और ढ़ेर सारी भूमि भी पट्टेदारी और सीरदारी में चली गयी। आज भी निरंजन के पास खेती योग्य अत्यधिक जमीन है। रतन सिंह बेटे को बैरिस्टर बनाना चाहते थे किन्तु पिता के आकस्मिक निधन से उन्हें बीच में पढ़ाई छोड़कर घर आ जाना पड़ा। उन्हीं दिनों उन्होंने गाँव की सीमा पर एक प्रतिष्ठित विद्यालय खोला।

ईश्वर का दिया हुआ सब कुछ तो था किन्तु उन्हें कोई संतान न थी । वे प्रायः ही पत्नी सरला से अनाथालय से कोई बच्चा गोद लेने की बात करते किन्तु पत्नी को मंजूर न था।

निरंजन सिंह की उम्र कोई पचपन वर्ष होगी, धोती-कुर्ता जाकिट उनका वेश था। जब भी उनके पास समय होता तो कालेज में आकर बच्चों को अच्छी शिक्षा देते। कालेज के समीप ही छोटे बच्चों का स्कूल था। वह भी उन्हीं का खुलवाया हुआ था। एक बार कुछ बच्चों को स्कूल आते देखा, दो छोटे-छोटे बच्चे मधुर वाणी में चलते कुछ बोलते हँसते जा रहे थे कि तभी

ठाकुर साहब भी उधर से गुजरे, उन्हें दोनों बहुत अच्छे लगे। सोचने लगे कहीं ! मेरे भी ऐसे ही बच्चे होते ... उनकी आँखें भर आयी थी। उनका मन बच्चों से बात करने और खेलने हेतु तड़प उठा। तभी वे बोले - "बेटा! मुझसे दोस्ती करोगे ?"

"क्यों नहीं...क्यों नहीं.. तुम बड़े हो और जब तुम मेरे दोस्त बन जाओगे तो हमें कोई मार न पायेगा।"

"क्या तुम हमें चुम्मी दोगे...२'

नहीं; कभी नहीं.... चुम्मी तो माँ- बाप को दी जाती है दोस्त को नहीं।

ओह! तो ठीक है... वे उनके साथ बातें करते स्कूल तक गये। मध्यान की छुट्टी हुई। निरंजन सिंह किसी विशेष कार्य से अभी भी ऑफिस में बैठे थे, दोनों बच्चे उनके पास आये और बोले- दोस्त ! दोस्त!! चलो खेलें.................., वे अपना आवश्यक कार्य छोड़कर बच्चों के साथ खेलने चले गये। बच्चों के प्रति प्रेम और समर्पण देख प्रधानाध्यापक और अध्यापकों की आँखें भर आयी। उन्होंने ईश्वर से अनुरोध किया कि उन्हें भी संतान दें।

संतान हीनता का दुख तो वही समझता है जो भुक्त भोगी हो पूजा, पाठ, जप, तप करने के पश्चात् भी उन्हें संतान सुख नहीं मिला था, इतने बड़े सामाज्य का वारिस कोई न था। दिन रात यही चिन्ता उन्हें सालती रहती।

शाम का समय था ठाकुर वरामदे में बैठे बच्चों का खेल तल्लीनता पूर्वक देख रहे थे। उसी समय एक महात्मा का आगमन हुआ, महात्मा ने कहा- "बेटा," तुम बहुत दुखी हो.., पुत्र के लिए, मन की बात बता देने वाले महात्मा को देखते ही ठाकुर चरणों पर लोटते हुए कहा – भगवन् ! यदि दुःख का कारण समझ रहे हैं तो निदान भी आपके पास होगा, खबर मिलते ही

ठाकुराइन भी दौड़ी आयी। महात्मा का आसन लगा, पाँव धोकर घर में छिड़का गया। रात्रि पूजन के पश्चात् महात्मा बोले – 'बेटा ! तुम्हारे भाग्य में केवल लड़की का योग है। क्षण भर वातावरण शांत रहा, किन्तु ठाकुर की पत्नी सरला ने कहा – महात्मा भगवन् ! लड़की तो पर धन है.......क्या ऐसा नहीं हो सकता कि एक पुत्र प्राप्त हो ?

बेटी ! जप तप और पुण्य के अतिरिक्त संसार का कोई धन अपना नहीं है। जिस बेटी को तुम पर धन मान रही हो वह तो पुत्र से भी श्रेष्ठ धन है। विवाह के पश्चात् बेटा – बहू के वश में होकर माँ – बाप को भूल जाता है किन्तु बेटी माँ – बाप को कभी नहीं भूलती।

ठाकुर – "प्रभो ! पत्नी की इच्छा है कि एक पुत्र मिले.....।

महात्मा – "गंभीर स्वांस छोड़ते हुए - विषाद ! घोर विषाद !! खूब सोच लो, तुम्हें जिस पुत्र की इच्छा है उससे सुख न मिलेगा। दुःख के बादल ऊपर से घिर उठेंगे। सुनो.....! बेटे की जिद छोड़ दो और नौ माह बाद पुत्री होगी।

एक पाँव पर खड़ी होकर ठकुराइन बोली – "महात्मा जी, किसी भी तरह हमें एक पुत्र दे दो, उम्रभर आपका यश गाऊँगी।

'एवमस्तु!

निरंजन की पत्नी पुत्रवती हुई और नौ माह बाद पुत्र हुआ। खूब जश्न मनाया गया। बहुत दिनों बाद हवेली फूलों सी सजी थी। तोरण, विद्युत, झालरों से द्वार और हवेली अलौकिक लग रही थी। ठाकुर ने जी खोलकर गरीबों और ब्राह्मणों को दक्षिणा दी। तवायफ के नृत्य का अजीब लुफ्त था। घुंघरुओं की छमछम और तबलों की थाप से वातावरण मनोरम एवं मोद्पूर्ण था।

खूब मिठाइयाँ बांटी गयी, आतिशबाजी हुई, विविध पकवाने बनी, भोज में अगणित लोग सम्मिलित हुए जैसे वर्षा के प्रथम आगमन पर जरी जवासों का मन खिल उठता है। ठीक वैसे ही ठाकुर और ठाकुराइन का हृदय प्रफुल्लित था। होता भी क्यों न, पचपन वर्ष की उम्र में पुत्र होना सहज न था। जहाँ उनकी सारी मिन्नतें, जप – तप विफल थे। वहीं एक बेटे की किलकारी से आँगन का सरस उठना एक तपस्वी के तपस्या का ही प्रतिफल था।

सभी कार्यक्रम समाप्त हुए, ठाकुर अपने कक्ष में भोजनों परांत लेटने गये। नेत्रों से नींद काफूर थी। मानस तल पर महात्मा के कथन रूपी बादल अच्छादित थे, सुनों बेटा – 'तुम जिस पुत्र हेतु हठ कर रहे हो, उससे कदम – कदम पर दुःख मिलेगा। ऐसा दुःख जिसकी पीड़ा पुत्र के अभाव से भी दुष्कर होगी। तुम्हारे भाग्य में पुत्री है......उससे सुख मिलेगा.......खूब सोच लो। गहरी श्वांस छोड़ते हुए मन ही मन ठाकुर ने सोचा – "अच्छे संस्कार से मानव देवत्व को प्राप्त हो सकता है तो मेरा बेटा अच्छे मानव से रहा उसे उत्तम से उत्तम संस्कार और शिक्षा दूँगा।

समय व्यतीत होता गया। बेटे की कुशल शिक्षकों द्वारा गृह पर ही शिक्षा प्रारंभ हुई। हम उम्र बच्चों के साथ खेलना और उनका हवेली में प्रवेश वर्जित कर दिया गया। सच कहा गया है कि मानसिक विकास हेतु वातावरण की आवश्यकता होती है। जिसके अभाव में बालकों का मानसिक विकास नहीं हो पाता वैसा ही अमन के साथ भी हुआ अथक प्रयास करने के बाद एक दिन आचार्यों ने ठाकुर से कहा – महोदय अमन में कार्य के प्रति उदाशीलता और शिक्षा के प्रति निरंतर अरुचि होती जा रही है। हमने हर तरह से प्रयास कर लिया है, कल से हम पढ़ाने नहीं आयेंगे।

ठाकुर - "किन्तु..."

आचार्य - "हाँ, हम लोग आपसे व्यर्थ का पैसा लेना नहीं चाहते। बेहतर होगा कि उसे विद्यालय में भेजें जहाँ बच्चोंके साथ रहते, उठते बैठते इसके मस्तिष्क का विकास होगा। ठाकुर नहीं चाहते थे किन्तु ठकुराइन के हठ पर उन्हें भी मानना पड़ा।

अमन विद्यालय जाने लगा, शनैः-शनैः उसका मानसिक विकास भी हुआ। अब उसे हम-उम्र बच्चों के साथ खेलने की छूट भी मिल चुकी थी। समय गतिशील होता है और उसे परिवर्तन प्रिय है। अमन का दाखिला कॉलेज में हुआ, अमीरी शान-शौकत में पला , गोरा चिट्टा आकर्षक युवक बरबस ही लोगो के मन को प्रभावित कर लेता था। दोस्तो की तो बात ही न पूछो छोटे बड़े सभी उनसे मित्रता करना चाहते । जैसे हरीतिमा सम्पन्न लहलहाते खेतों को देख किसान का मन लहक उठता है ठीक वैसे ही पुत्र के किशोर रूप एवं पुण्ठ शरीर सौष्ठव को निरख कर ठाकुर और ठकुराइन का मन गर्वित था । वे मन ही मन पुत्र के विवाह के स्वप्न देखने लगे और विरादरी के प्रतिष्टित सम्बन्ध भी आने लगे ।

ठाकुर - "बेटे की शादी इतनी धूमधाम से करूँगा कि लोग याद रखेंगे।"

ठकुराइन - "बहू मेरी प्रसन्द की होगी, पढ़ी लिखी, काम काजी, और सुन्दर!"

ठाकुर - "कुछ भी हो, उच्च कुल एवं अच्छे संस्कार की होनी चाहिए। इसमें कोई समझौता नहीं होगा । बाखूबी सुन लो ।"

ठकुराइन" देखो जी! मेरे भाई साहब जो रिश्ता लाये थे, मुझे तो वही पसंद है। उसका बाप भी अधिकारी है... थानेदार ।"

ठाकुर - "थानेदार की बेटी को मैं बहू नहीं बना सकता, वह भी बाप

की तरह ही हैकड़ी दिखाएगी और अपने थानेदार बाप की धौंस देगी। "

ठकुराइन - "तो कोई डरपोक... भीरु लड़की ढूँढना होगा जिसका बाप किसी विभाग का चपरासी हो, अधिकारी की डांट खाते-खाते हीन मानसिकता का हो, और उसकी लड़की भी...."

प्रायः ही शादी के विषय में पति-पत्नी से नोक झोंक हो ही जाती।

आखिर एक दिन ऐसा रिश्ता आया जिससे दोनों सहमत हो गये, लड़की का बाप एक प्रतिष्ठित नेता था जो शासन में मंत्री था। उनकी लड़की भी पढ़ी लिखी और सुशील थी।

शाम को माँ ने अमन से कहा तो उसका हृदय तड़प उठा। उसकी आँखो पर शबनम की सौम्य तस्वीर उमड़ आयी। माँ से तो कुछ न कहा, बस अपने कक्ष में चला गया। सोचने लगा। नौकर ने भोजन के लिए कई बार कहा किन्तु अनिच्छा बताते उसे लौटा दिया। माँ भी आयी उन्हें भी वही बताया बस एक गिलास दूध पीकर सो गया। नींद में वही शबनम! सुधर नीलाभ सी पलकें द्यौत... ज्योत्सना सा मुख... सीप सी स्मूथ अंगुलियाँ, प्रथम दृष्टि में ही वह मेरे मन और हृदय में ऐसे उत्तर गयी जैसे जन्म-जन्मान्तर से उसी के लिए जन्म लेता था। विविध बाधाओं को मैं मुस्कराते सहता रहा। अबतक वह मेरी हो भी चुकी होती किन्तु उसका सम्प्रदाय अलग था... वह प्राय: ही कहा करती कि मैं मुसलमान हूँ तो क्या......? मेरे अब्बू के अब्बू क्षत्रिय थे...... और वही मुसलमान बने, देश की आजादी के पश्चात। वे क्षत्रीय बन गये किन्तु कोई हिन्दू उनके परिवार में शादी विवाह जैसा संस्कार करना ही न चाहा जिससे मजबूरन पुनः मुसलमान बनना पड़ा। तुम अब्बू से बात करो अमन... मुझे अपना लो... मेरी हार्दिक इच्छा है कि मेरा विवाह किसी हिन्दू परिवार में हो। अमन माँ-बाप की चोरी उसके अब्बू के पास भी गया किन्तु उन्होंने कहा -"बेटा ! तुम दोनों का एक ही शर्त पर निकाह हो सकता है?

अमन - "हाँ हाँ.. कहिए।

मेरी बेटी से निकाह करने के लिए तुम्हें मेरे धर्म को स्वीकार करना होगा।' गिड़गिडाते हुए मैंने कहा - "सामने पहाड़ न रखो अब्बू ! शबनम कह रही थी कि कभी आप भी क्षत्रीय थे।

शाहिद- "हाँ हाँ.........., किन्तु तुम्हारे धर्म के ठेकेदारों ने मुझे स्वीकार न किया।"

अमन- मैं स्वीकार करूँगा अब्बू ! प्लीज ! पुनः आप हिन्दू बन जाइए।"

शाहिद- नहीं, अब संभव नहीं है। अब तो मेरे सभी सम्बन्धी मुसलमान हैं। मैं जहाँ हूँ वहाँ खुश हूँ और ... आज के बाद मेरे यहाँ तब आना जब मेरे मजहब को स्वीकार करना हो। मैं अपनी बेटी को ऐसे सागर में नहीं छोड़ना चाहता जिसमें किनारा ही न हो । उसका वजूद थके हुए मांझी सा आत्म क्लान्त महसूस करे... और मन रूपी पंक्षी सा पंख फड़फड़ा भी न सकें।

अमन -"प्रेम की गहराई का बोध आप को नहीं है अब्बू ! आप शवनम से पूँछ लें कि उसे किसी हिन्दू युवक से विवाह करना पसंद है या मुस्लिम ?"

शाहिद – "जिसे समय और समाज का बोध न हो वह अपने संदर्भ में कोई निर्णय कहाँ कर सकता है । तुम दोनों उस उम्र की दहलीज पर हो जहाँ हित – अहित दुःख – सुख और मृत्यु का शोक नहीं छू पाता । पुरुष और नारी में बहुत फर्क है। नारी का जीवन उस संगीत के समान है जो सुख के अवसर पर सुखद और दुःख के समय दर्द मयी लय बन उभरती है। तथा नियति उस प्रसून की भाँति है जिस पर खुदा की कृपा हुई तो सिर पर चढ़ा नहीं तो तोड़कर सूंघ कर, मसल कर, राह में फेंक दिया जाता है।

अमन - "नहीं अब्बू नहीं, मैं शबनम को बेहद चाहता हूँ। आप हमें ऐसी सजा न दीजिये कि दोनों ताउंम्र तड़पने के लिए मजबूर हों। इतना कहते अमन के नेत्र भर आये और हृदय ....भावुक हो गया। शाहिद कभी बेटी तो कभी अमन को देखने लगा। प्रेम की गहराई के समक्ष उसे कमजोर होना पड़ा। वह सहज भाव से बोला -बेटा ! शबनम से विवाह की बात अपने बाबू से की है, क्या वे राजी हैं ?

मैं उन्हें राजी कर लूँगा। अमन ने सगर्व कहा।

यदि वे राजी होंगे तो मुझे कोई आपत्ति नहीं। वहाँ से अमन सीधे माँ के पास गया, इस संदर्भ में बात कर रहा था तभी उसके बापू भी आ गये। मुसलमान लड़की से विवाह की बात सुन वे सन्न रह गये। तत्क्षण महात्मा जी का स्मरण हुआ। दोनों ने अमन को खूब समझाया, किन्तु वह कुछ भी मानने को तैयार नहीं। उसकी एक रट थी कि शादी न हुई तो प्राण दे दूँगा।

कुछ न सूझा तो अमन को बहकाकर उसकी शादी एक हिन्दू परिवार में करने का प्रयास किया किन्तु अमन जैसे-तैसे वहाँ से भाग गया। वह शबनम के घर पहुँचा। शबनम घर के समीप बगीचे में एक पेड़ के तले बैठी रो रही थी। अमन के तीन दिन से न आने से उसे भय था अमन अब न आयेगा। अचानक उसे देख वह खिल उठी। अमन ने अब्बू से कहा- "मुझे आपका धर्म स्वीकार है। उसी रात दोनों का निकाह हो गया।

रात बेटे के ना लौटने पर ठाकुर के घर चूल्हा न जला। दूसरे दिन दोनों शाहिद के घर पहुँचे वह नहीं था। शबनम के व्यवहार से वे बहुत प्रभावित हुए। पाँव धोकर दोनों का स्वागत किया।

जब अमन वहाँ आया तो दोनों ने कहा-बेटा..!, अमन बोला –"मैं आप लोगों को नहीं पहचानता, आप दोनों कौन हैं...?" अन्ततः वे निराश होकर लौटने लगे , शबनम उन्हें कुछ दूर छोड़ने जा रही थी । ग्रीष्म की तपन

से छाया में बैठा एक तपस्वी बोला - अरे ! बेटा यहाँ कैसे... दोनों महात्मा के चरणों पर लोट गये और आप बीती सुनाया।

मुस्कराते महात्मा ने कहा- जो तुम्हारा था तुम्हारे साथ है और जो शाहिद का था वह उसके घर यह वही बेटी है जिसे तुम्हारे यहाँ पैदा होना था। मैंने अपने तप बल से सृष्टि की व्यवस्था के साथ मजाक किया था किन्तु सत्य तो सत्य होता है। शवनम ने महात्मा को प्रणाम किया और माँ-बाप के चरण छूकर आशीर्वाद लिया। महात्मा बोले- बेटा ! यह आवश्यक नहीं कि कोख से पैदा हुआ ही अपनी संतान होता है। कभी-कभी तो अपने काम नहीं आते जो दूसरे कर देते हैं। वे वैसे ही नहीं करते उन आत्माओं का पूर्व जन्म से सम्बन्ध होता है।

ठाकुर - "प्रभो ! आपने मेरी आँखें खोल दी मेरे मन में हिन्दू मुसलमान का फर्क था जो दूर हो गया। मुझे शाहिद के घर सम्बन्ध (स्वीकार है। चलो बेटी! दोनों वापस गए, और शाहिद भी आ चुका था। ठाकुर साहब ने कहा- मुझे तुमसे सम्बन्ध ही नहीं मैं तुम्हारी बेटी के साथ तुम्हें भी लेने आया हूँ। यहाँ तुम्हारी बेटी के अलावा कौन है। चलो सब साथ रहेंगे।

शाहिद- 'किन्तु मैं....।'

'यही कहेंगे न कि मुसलमान हूँ।'"और शर्मिन्दा न करें। आप जो भी हैं मेरे भाई हैं। भाई मानवधर्म से बड़ा क्या है..? कुछ नहीं, सभी एक दूसरे से गले मिलेदोनों को बेटा मिला और दोनों को बेटी।"

आत्मदेव

बासंती पवन ने प्रकृति को अभिनन्दित किया, पेड़ पौधे नूतन लिवास में सज-धज उठे। महुओं में फूल और आम्र मंजीरयों में टिकोरे आये, भीनी-मादक सुगन्ध से वातावरण आह्लादित एवं सुरभित था। महुए का पुष्प चुनते अलका ने शीतल से पूछा- "ससुराल के लोग कैसे लगे ?"

पान खाते-खाते होने वाले जीजा जी के दांत काले, आँखे सुर्ख जैसे मदिरा पी रखी है । बेढंगा शरीर, उम्र तुमसे दूनी ही होगी। मकान ईटों से तो बना है किन्तु आकर्षण हीन है । वहाँ सुखी न रह सकेगी बहन ।

छोटे भाई के मुख से सुन, अलका सोचने लगी, ईश्वर ने लड़कियों को पराश्रित, माँ बाप के लिए बोझ बनाया है। माँ-बाप के नियम उनके लिए कानून है, फिर भी पहले की अपेक्षा सुधार हुआ है। शहरी और ग्रामीण लड़कियों और मां-बाप में फर्क है, शहरों की लड़कियों में ग्रामीणों सेअधिक खुलापन और स्वतन्त्रता है। जीवन-साथी के चयन में उनसे भी पूछा जाता है। यहाँ तो संस्कार और मर्यादा के चलते वे चाहकर भी पिता से कुछ नहीं कह सकती । तत्क्षण शेखर का चेहरा नेत्रों पर उभर आया सुन्दर बलिष्ट और आकर्षक । गरीबी उसका अभिशाप है। आखिरी बार जब शेखर से मिली तो यही कहा था- -"तुम" गरीब हो शेखर मेरे बापू धन के लोभी हैं.... काश! उनसे मेरा हाथ मांगने को कहोगे तो यही कहेंगे... तुम मेरी बेटी को नहीं खिला सकोगे। बेहतर होगा कुछ कमाओ ।

मैं तुम्हारे लिए कुछ भी कर सकता हूँ अलका...' वादा करो मेरा इन्तजार करोगी?' मैं भावुक हो उठी और रोने के अतिरिक्त कुछ न कह सकी। मुझमें इतनी सामर्थ्य कहाँ कि बापू से कह सकूँ कि शेखर के आने का इंतजार कीजिए।

कई वर्ष पूर्व वह महुआ चुन रही थी, कालेज से शेखर लौटा था, दोनों में पढ़ाई को लेकर चर्चा हुई, होती क्यों न हाईस्कूल तक वह मेरे साथ पढ़ा था। तब से ही एक दूसरे के प्रति आकर्षण था। यही प्रणय स्थल है जहाँ हम दोनों ने स्वीकार किया था कि एक दूसरे को प्यार करते हैं। उसमें अतीव उत्साह एवं स्फूर्ति थी। ऐसा प्रतिभा सम्पन्न युवक तो मैंने देखा ही नहीं' है।

अलका को मौन देख शीतल बोला - "दीदी क्या सोचने लगी?

वह खिलखिलाकर हँस पड़ा।

"क्यों हँसे शीतल.. २'

तुम शेखर के विषय में सोच रही हो ना......."

अलका – धत पगले, वह शर्मा सी गयी।

दोनों महुआ बीन कर घर लौटे, भोजन के पश्चात् शीतल ने माँ से कहा- "दीदी की जहाँ शादी तय है, बापू से कहो और छानवीन कर लें।'

कान ऐंठते माँ बोली- "तू ही जाकर छानवीन कर।"

नन्द लाल ने बेटे की बात सुन ली, और वहाँ पहुँचा।'

पिता के आकस्मिक आगमन से शीतल रोने लगा। उसका कान छोड़ते धर्मा बोली – ‘‘संभालो अपने ढ़ोते को।

नंदलाल - "बेटा! क्या बात है ?'

शीतल - "बापू ! दीदी वहाँ सुखी न रहेगी, वहाँ शादी न करो बापू !!

नन्दलाल - "शीतल ! छोटे मुँह बड़ी बात ? बाप को सलाह देता है?

नहीं बापू। हाथ जोड़ता और पाँव पड़ता हूँ... चौदह वर्षीय शीतल सिसकते बोला।

आखिर वहाँ क्या कमी है २ नंदलाल पूछा।

अनगिनत... वर की उम्र दूनी, वर शराबी, उसका परिवार लालची।

"चुप रहो शीतल, नंदलाल चिल्लाया। तू कुछ ज्यादा ही बोलने लगा है; शराब तो मैं भी पीता हूँ?"

"तो कहाँ हम ही सुखी हैं"। शीतल ने कहा।

चटाक... झन्नाटेदार तमाचा गाल पर पड़ा, धर्मा ने पति को पकड़ा, न पकड़ती तो नन्द लाल और मारता। क्रोध से काँपते नन्दू बोला-" कल का छोकड़ा बाप से जबान लड़ाता है। इसे आँख से हटा दो नहीं तो.. विना किसी प्रतिरोध के शीतल वहाँ से चला गया, चुपचाप बाहर बरामदे में बैठा,

तभी उसकी दृष्टि बहन पर पड़ी... जिसकी आँखे लाल थी, अलका भाई के बाल सहलाते बोली- भैया ! तुम जानते हो बापू वही करेंगे जो उन्हें पसंद है तो तुम उनके मुँह क्यों लगते हो ? मेरे नसीब में जो है उसे तो भोगना ही होगा ?

बहन का मुख देख शीतल को माख आयी और सिसकने लगा। भाई को गोद में भर अलका भी रो पड़ी जैसे वह आज विदा हो रही हो, भाई-बहन में अगाध प्रेम था भाई का अलका ध्यान रखती थी।

प्रातः पढ़ने के लिए उठाती, उसे भोजन कराने के बाद स्वयं करती, कपड़े धोती, बहन सामान्य होते बोली- भैया ! मेरे कारण तुम्हें बापू ने मारा तुझे मेरी सौगंध आज के बाद बापू से कुछ न कहोगे, कुछ भी हो वे हम दोनों के पिता हैं।

बेटी की बात नंदू के कान में पड़ी तो सोचने लगा, कितनी सुशील और बुद्धिमान है मेरी बेटी। वह स्थिति को भलीभांति जानती है। बेटी के प्रति सहानुभूति भी हुई, सोचने लगा.....बेटे पर हाथ उठाकर अच्छा नहीं किया नन्दू......! जो सत्य है वही तो कहा था, कितना अभागा हूँ कि सत्य सुनकर भी स्वीकार नहीं कर सकता.......क्या करूँ मजबूर हूँ।"

कभी नन्दलाल की स्थिति गाँव में सबसे अच्छी थी, बाप- दादों द्वारा अर्जित भूमि भवन और सुख-सुविधा के समग्र उपक्रम के उसका विवाह भी कुलीन घराने की लड़की धर्मा से हुआ, जो पति-परायण और सुशील थी। पिता के मरते ही स्वामित्व नन्दू के हाथ आया, वर्ष भर परिश्रम से खूब अन्न पैदा किया, नशेड़ियों और जुवाड़ियों की दृष्टि उसपर लगी थी, सच कहा गया है.. उम्र के बहाव में व्यक्ति को अच्छे-बुरे की पहचान नहीं रहती। किसी को विगाड़ना हो तो पहले खुद विगड़ना होता है। जो लोग उसके पिता से डरते थे वही उनके मरते ही नन्दू को विगाड़ने और सम्बन्ध जोड़ने को आतुर हुए। पार्टी रख नन्दू का आवभगत सम्मान किया, फिर क्या दो-तीन साल बीतते-बीतते नन्दू शराबी, कामचोर और आलसी हो गया। कर्तव्य निष्ठा व्यक्ति को "सफल और अकर्मण्यता ही निर्धन बनाती है। सामाजिक मान-प्रतिष्ठा वाला वही नन्दू अव्वल दर्जे का शराबी और हेय बन गया, आज उसका सब कुछ तो बिक गया... अब कर्जे की भरपाई में बेटी को भी बेंचना चाहता है। यही उसकी मजबूरी है।"

*****

जाड़े की ऋतु अवसान पर थी। मौसम में गुलावी ठण्ड, रात्रि के दस बजे तक गाँव सनामन्न हो जाता। शराबी पति की प्रतीक्षा में बैठी धर्मा भाग्य पर रो रही थी, आज उसके पति ने बेटे को मारा.. कल बड़ा होकर शीतल क्या सोचेगा, हे ईश्वर कहीं वह भी शराबी हुआ तो... कहीं की न रहूँगी, कभी कोई जानता

था कि मेरा पति शराबी हो सकता है ? क्या शराब पीना ही फैशन बचा है ? घर में अभाव....., उन्हें शराब के पैसे कहाँ से मिल जाते हैं। बेटे की शादी कौन करेगा ? शराबी के घर कौन ब्याहेगा अपनी लड़की ? न धन है, न चैन, नहीं, मैं अपने बेटे पर ध्यान दूँगी, उसे अच्छा नागरिक बनाऊँगी। नशे से दूर रहने की शिक्षा दूँगी। सहसा कुत्ते भौंके तो धर्मा उठ खड़ी हुई और द्वार खोल दी।

बड़बड़ाता – लड़खड़ाता नन्दू भीतर आया, दुनिया वाले क्या जाने जीने का मजा क्या है ?

आज वह कुछ अधिक ही पी रखा था, बोला – डार्लिंग .....?

धर्मा – "क्यों चिल्लाते हो, पड़ोसियों को बुरा लगता है, उनकी नींद टूट जाती है।"

नन्दू – "भाड़ में जाये उनकी नींद और वे.....मैं यहाँ का राजा हूँ......राजा, जो जी में आएगा वही करूँगा वही.....।"

रुआँसे स्वर में हाथ जोड़ धर्मा बोली – "सुधर जाओ शीतल के बापू.....?

"तू मुझे सुधारेगी ....! तेरा बेटा मुझे सुधारेगा...........मैं सब.....सबको मार डालूँगा। आपका बेटा है, कोई दुश्मन नहीं, उसे मारने की जगह समझा भी तो सकते थे। वह क्या समझेगा बाप का प्यार......?

मुस्कुराते हुए.......तू बहुत भोली है धर्मा.....। मेरी बेटी...भाग्यशाली है, बड़े घर में ब्याह रहा हूँ। हजार पाँच सौ रोज का खर्च है, आज ही सबको नंबर वन की चीज पिलाया, क्या बात है ......? जिसके रहेगा वही तो खर्च करेगा।

खर्च के हिसाब से व्यवसाय भी तो बड़ा होगा ? धर्मा ने पूछा

शू..द....खो...........री का.....ह.............ह............ह......हँसते हुए.........दस बीस मुसन्डे किस बात के खाते – पीते हैं ....? न नुकुर करते ही शूद सहित मार कर वसूलते हैं। रिश्ता होते ही अपना माफ़............।

साश्चर्य धर्मा बोली – "आपने भी शूद पर पैसा उठाया है ?"

"भोली मत बन, तेरा बाप मेरे नाम मनी ऑर्डर नहीं भेजता, (लड़खड़ाते हुए) रोज पीने को कहाँ से मिलता है ? अब तक शूद सहित पच्चीस – तीस हजार से अधिक न होगा।

सिसकते हुए, इसीलिए फूल सी बेटी को अधेड़ शूद खोर से ब्याहने पर तुले हो, मैं इसे हरगिज न होने दूँगी।

गुर्राते हुए नन्दू बोला – तेरा क्या........? समाज में मैं घूमता हूँ तू नहीं, शादी होते ही मेरी हैसियत बढ़ेगी......तनकर चलने वाले सलाम करते थकेंगे। कहेगें उनसे न उलझो फलां के रिश्तेदार हैं (पुचकारते हुए) मानता हूँ दोनों की उम्र में दूने का अंतर है जो चलता है, बुजुर्ग गलत थोड़े कहे हैं कन्या से वर......। सुनों जेवर तो इतने आएंगे कि उसके वजन से बेटी का चलना मुश्किल होगा। लाला जी चालीस थान का ऑर्डर तो मेरे सम्मुख ही कर चुके हैं।

नन्दू भीतर खाने चला गया, शीतल और अलका बापू की आवाज सुन जाग चुके थे।

शीतल ने बहन से कहा- "तू बापू से मना नहीं कर सकती ?"

नहीं भैया, वे हमारे पिता है, कोई भी पिता अपनी संतान को दुखी नहीं देखना चाहता, मुझे वहाँ व्याहने में उन्हें सुख है तो मैं प्रतिरोध से उनका दिल नहीं दुखा सकती।

लेकिन बहन ! तुम शेखर को चाहती हो, उससे विवाह करने का वचन

दिया है। क्या वह मिथ्या था।

'सच है शीतल, लेकिन.....।'

"लेकिन क्या बहन.. २

मेरे बचन से श्रेष्ठ बापू का वचन है, जिसे समग्र समाज जानता है और मेरी शेखर के, शिवा तुम जानते हो। भैया ! मैं नहीं चाहती कि मेरी वजह से बापू के मन पर ठेस पहुँचे लोग कहें उनकी लड़की उनके वश में नहीं है, । कहते-कहते गला रुंध गया।

लेकिन बहन शेखर क्या सोचेगा. २ तुम्हारे कहने पर माँ को गाँव में अकेली छोड़कर काम करने गया है, लौटेगा तो दुखी न होगा।

अब सो जाओ भैया, कच्ची नींद में जगे हो... बस इतना समझो, जो हो रहा है वही होना था।

नन्दू ने बेटी की बात सुनी- पिता के लिए इतना बड़ा समर्पण, उसकी आँखें भर आयीं, शराब हिरन तो गयी सोचने लगा, यह कलयुग की लक्ष्मी है, छिः मैं निकम्मा कि शराब के लिए फूल सी बेटी... अधेड़ के साथ व्याह रहा हूँ, किन्तु क्या करूँ वह सोने तो गया किन्तु आँखों में नींद कहाँ? कल ही सगाई है... यदि इनकार करता हूँ तो लाला के मुसन्डे शूद जोड़ गाँठ तीसों हज़ार की वसूली पर आ धमकेंगे... आखिर करूँ क्या? बेचने को भी तो कुछ शेष नहीं, घर है... उसे बेंचने पर कहाँ रहूँगा? नहीं... बेटी के लिए उसे भी बेच सकता हूँ। वह मेरे वचन के, पालन में अपना वचन त्याग सकती है तो....।"

आज सगाई है और घर में कोई व्यवस्था नहीं, धर्मा ने पति से कहा- "घर में मेहमान आने वाले हैं अपनी इज़्ज़त बात का कुछ तो ख्याल रखो । वह कुछ न बोला- "धर्मा उधार ही मिठाई और नमकीन ले आयी । नन्दू विस्तर पर लेटा रहा। वादे के अनुसार मेहमान आये, लाला ने नन्दू को

बुलाया, शीतल ने बताया- उनकी तबीयत खराब है।

धर्मा ने मेहमानों की खिदमतगारी की, भीतर बैठा-लाला नन्दू के पास गया और हाल चाल पूछते बोला - "सूचना भिजवाये होते तो डॉक्टर भेज देता। नन्दू - जरूरत नहीं समझा।"

वैसे नन्दू की बहकी बात से लाला को असन्तोष हुआ फिर भी सम्बन्धी समझ कुछ न बोले।

यह लाला के बेटे की दूसरी शादी थी, पहली पत्नी सुंदर न होने से छूट गयी थी। अलका मेहमानों के समक्ष प्रस्तुत हुई, नन्दू ने वर के सामने बेटी को बैठते देखा, पिता – पुत्री सा अंतर, तत्क्षण आत्मा ने फटकारा – "बेटी को बेंचकर सुखी नहीं रहोगे नन्दू......। उससे तो बेहतर पैदा होते गला दबा दिया होता। ललाट पर प्रस्वेद कणिकाएँ झिलमिला उठीं, मन पर तीक्ष्ण परिवर्तन होने लगा......और एकांत की तरफ भागा। भीतर दीवार के सहारे मस्तक टिकाये सिसकने लगा।

जैसे – तैसे रस्म पूर्ण हुई, इस बेमेल सम्बन्ध पर लोगों में आक्रोश और पड़ोसी महिलाओं में कोना फूसी थी कुछ मुँहफट महिलाओं ने तो उच्च-स्वर में कहा-वर उम्र में बाप सा लगता है। इसे तो चार बोझ लकड़ी चाहिए शादी करने चला है।

महिलाओं की बात से लाला को ठेस लगी। यहाँ उन्होंने क्रोध पीना ही उचित समझा और शान्त रहे।

"अलका भीतर गयी उसकी दृष्टि बापू पर पड़ी जो दीवार से सिर टिकाये सिसक रहे थे।

वह बापू के समीप पहुँच कर बोली- बापू ! आप !! मुझसे कोई भूल हुई क्या..?"

नहीं बेटी, भूल तो तेरे बाप से हुई है: बेटी को गले से लगा रो पड़े।

'नहीं बापू ! नहीं..

(दीवार पर मुक्का मारते हुए) बेटी !क्या करूँ कुछ सूझता नहीं लाला के तीस हजार रूपये चुकाने के लिए किस हांडी में हाथ डालूँ ,कुछ बेचने को भी नहीं बचा है। वह पुनः सिसकने लगा।

नन्दलाल..! 'लाला ने आवाज दी, नन्दू आँसू पोछते बाहर आया।

रस्म पूर्ण हुई, अब विवाह की तैयारी करो। सुनो, विवाह में भीड़ जुटाने की आवश्यकता नहीं है; और हाँ! विवाह की तैयारी में जो पैसे लगें. मुनीम से ले लेना, कल से विवाह तक अपने ईष्ट- मित्रों को खूब पिलाओ, कोई शुल्क, न लगेगा। समधी हुए न, जो मेरा है अपना ही समझो।

सब के जाने के बाद नन्दू बाहर निकला..., साथ पीने-खाने वाले लोग उसकी राह जोह रहे थे, वह मुँह फेर कर जाने लगा तो लोगों ने आवाज दी-अरे भैया नन्दू, अभी से ही बदलने लगा। दूसरे ने कहा - "इतने बड़े घर में छोरी की शादी कर रहा है. फिर कब बदलेगा तभी तीसरा बोला - "चल इस खुशी में आज मैं पिलाता हूँ।"

आखिर नन्दू के मुख से निकल ही गया - शादी तक ठेका फ्री रहेगा।

वाह भैया नन्दू.. क्या बात है..? ईश्वर वर-वधू को सुखी रखे, मैं तो जी भरकर पिऊँगा बद्री बोला।

नन्दू - "तुम मर जाओ... या भाड़ में जाओ.. मैं न पिऊँगा न जाऊँगा।

जग्गू - "अरे भैया ! क्या पूछना, अब तो तुमसे आँख मिला कर बात करने की हिम्मत नहीं होती...।

नन्दू - क्यों !! क्यों !!!!

इतने बड़े परिवार से आपका सम्बन्ध होने जा रहा है, किसी माई के लाल में है हिम्मत कि ठेका फ्री करा सके। नन्दू का हृदय बल्लियों उछला, सोचने लगा, रिश्ता जुड़ना कोई सामान्य नहीं, कल तक जो बन्दे तैस में बात करते आज नमस्ते करते नहीं थकते। इस रिश्ते से समाज में इज्जत बढ़ेगी नन्दू! मित्रों के साथ मयखाने पहुँचा। जहाँ पहले शराब परोसने वाला डपट कर बोलता वही आदर पूर्वक नन्दू को देखते दौड़ा आओ भैया, आओ, शराब परोसने लगा।

इससे बड़ा सम्मान क्या मिलेगा नन्दू ? एक तरफ सम्मान दूसरी तरफ बेटी...! ठेका लाला का था, अच्छे किस्म की मदिरा आयी, पिलाने के लिए नौकर..., नन्दू को जो देखता वहीं मित्र बनने हेतु, प्रयत्न करता आसपास बैठ जाता। नन्दू की आत्मा ने धिक्कारा...बेटी की हैसियत पर मदिरापान उचित है? मन मुखरित हुआ सुख तो संतान से ही मिलता है... दो,तीन, चार पैग हलक के नीचे उतार गया, संग वाह! वाह ! करने बाले भी खूब जी भर पिए। जब नन्दू अन्तिम पैग हाथ से उठाया तो नशा कुछ अधिक ही हो गया था उसे गिलास के पैग में बेवस बेटी नजर आने लगी.. लाला का लड़का भी साथ... अरे नन्दू यह क्या किया? बेटी को बाप की उम्र के गले बांध कर शराब पीता है. उसने आँख - हिलाई डुलाई माथा ठोका फिर भी बेटी की तस्बीर ओझल न हुई उसने गिलास से मदिरा भरा पैग फेंकते कहा- " इस मदिरा से बेटी की समानता नहीं, सभी साश्चर्य देखने लगे, जो जी में आया बड़बड़ाता गया।

अभी तक तो धर्मा सोच रही थी कि उसके पति में बदलाव हुआ है, ये लाला के पैसो के इन्तजाम में कहीं घूमते होगे, उसमें पति के प्रति आदर और श्रध्दा उमड़ी थी किन्तु उन्हें लड़खड़ाता देख समझ गयी शराबी का कोई बजूद नहीं होता, कहता कुछ और करता कुछ और। अलका भीतर से आयी उसने माँ से पूछा " माँ शीतल को कहीं भेजा है..?"

माँ- "मित्रों के पास गया होगा।"

अलका- "मेरा तो दिल घबड़ाता है माँ, इतनी रात कहाँ वह बाहर रहता है ?"

धर्मा भी घबड़ाई, जैसे - जैसे रात बढ़ती गयी दोनों की घवड़ाहट भी, नन्दू सो गया था।

माँ-बेटी रात भर शीतल के इंतजार में बैठी रही, बना हुआ भोजन कोई न किया। सुबह नन्दू उठा तो धर्मा शीतल के लापता होने की बात बताते-बताते ही रोने लगी। अलका की आँखें पहले से ही भाई के लिए रोते – रोते सूजी थी। नंदू आसपास उसके मित्रों के पास गया, किंतु कोई पता न चला। उसे सदमा हुआ कि गत रात शराब के नशे में ठेके पर हंगामा किया था इस कारण लाला अपहरण तो न करा दिया। तीन दिन हुए शीतल का कोई पता नहीं। लाला को सूचना हुई तो उन्होंने भी, खोजा, पुलिस में सूचना की, किंतु कोई पता नहीं। शाम नंदू के घर पियक्कड़ो की जमात जुटती, किंतु नंदू ने मना कर दिया। आश्चर्य से वे पूछे शराब – खाना फ्री और तुम.......?

हाँ, चले जाओ यहाँ से, शराब ने मुझे कहीं का न छोड़ा, उसी के चलते बेटा खोया, बेटी को अधेड़ के साथ ब्याहना पड़ रहा है, खेती-बाड़ी की भूमि विक गयी क्या दिया शराब ने... वह चिल्लाया। यहाँ से जाते हो या डंडा उठाऊँ...? सभी एक-दो-तीन होने लगे नन्दू बैठक में बैठा... पुत्र के लिए बेचैन था। किसी ने सूचना दी बाहर लाला आये हैं, खून खौल उठा, क्या करने आये हैं मैं नहीं करूँगा उनके यहाँ शादी। मेरे घर मातम और उन्हें शादी की पड़ी है।

लाला भीतर ही आ गया। नंदू बैठाही रहा। लाला का दबदबा था, उन्हें देख पुलिस थानेदार उठ जाते किंतु नंदू नहीं उठा। लाला को नागवार लगा किंतु उन्होंने स्वयं को समझाया यह पुत्र के खोने से क्षुब्ध है उन्होंने कहा

– "नंदलाल! दुःख की बात है किंतु मैंने कोई कसर न छोड़ी है। पुलिस भी सक्रिय है। शीघ्र पता चल जायेगा। शादी भी समीप आ गयी है, कल का दिन और बचा है। मैं पूरी व्यवस्था तुम्हारे यहाँ की भी करा देता हूँ। तुम्हें चिंता करने की जरूरत नहीं है।

लाला... मैं तुम्हारे यहाँ शादी नहीं करूँगा। दो टूक शब्दों में नंदू बोला। किंतु क्यों? लाला ने कहा।

इसका उत्तर नहीं दे सकता, आपका बेटा, मेरी बेटी से दूने से भी अधिक उम्र का है उसकी पत्नी भी जीवित है, वह तो त्यक्ता और कुरूप है। लाला ने कहा।

मैं तुम्हारे यहाँ शादी नहीं करूँगा.. बस यही समझो।

नंदू: लाला तड़पा, तुम मेरा स्वभाव तो जानते हो, शादी न हुई तो तुम्हें चैन से जीने नहीं दूँगा, परसों शादी है, समग्र व्यवस्था हो चुकी, होश में बात करो नंदू! तुम्हें कुछ पैसे चाहिए तो मुँह खोलो... कितना चाहिए।

मैं अपनी फूल सी बेटी नहीं बेचूँगा, कृपया तशरीफ ले जाइए। नंदू बोला।

तुम मेरे कर्जदार हो, पूरे शूद सहित पैतीस हज़ार सात सो है, मैं बारात लाऊँगा, मेरे पैसे लौटा दिए तो ठीक है, नहीं तो जबरदस्ती तुम्हारी बेटी ले जाऊँगा। याद रहे कल शाम तक पैसा लौटा दोगे तो, बेहतर होगा, नहीं तो तुम जानना परसों बारात आयेगी।

लाला घर पहुँचा, क्रोध से आँखें लाल थी । किसी में हिम्मत नहीं कुछ पूछता । स्त्री के नाम पर लाला के घर कोई न था, लाला की पत्नी को मरे नौ वर्ष हुए और पुत्र ने तीन वर्ष पूर्व पत्नी ही छोड़ दी । लाला का लड़का भी कुरूप और चाल चलन से अच्छा न था । करीब घंटे भर बाद जब लाला का

क्रोध सहज हुआ है।

उसने अपने सेवक से कहा. नंदू के पीछे आदमी लगा दो जो मुझे पल पल का समाचार देता रहे।

दूसरे दिन लाला से मुखविर ने बताया कि नन्दू आज अपना मकान बेंच कर आप के पैसे चुका देगा। लाला तिलमिला उठा, लेने वाले के घर धमकी पहुँची। और नन्दू की योजना फेल हो गयी। वह खूब दौंड़ा न उसे कहीं व्याज के पैसे मिले न गिरवी के ईष्टमित्र – नात - रिश्तेंदार सब तरफ से नकारी मिली।

शर्त के, अनुरूप रूपया न पहुँचा, दोपहर गाजे बाजे के साथ लाला की बारात नंदू के घर चली, एक अजीब सी बारात यह शादी समाज में चर्चा का विषय थी, किसी माई के लाल में हिम्मत न हुई कि विरोध में कह देता अन्याय है... पैसा बाप ने लिया और सजा लड़की को क्यों ?

यह एक अनोखी सजा थी। शाम से कुछ पूर्व ही बारात नंदू के द्वार आ पहुँची। नन्दू के मस्तक में तेज दर्द और बुखार था। शराब छोड़ने से शरीर में बेचैनी और टूटन थी। धर्मा के लाख रोकने पर भी नन्दू न माना और बाहर आया।

लाला ने कहा- 'नन्दू ! तुम जो चाहते थे वही हुआ है. अब भी वक्त है, पैसा वापस करो या बेटी का विवाह करो, संसार में लड़कियों की कमी नहीं बस मेरा बेटा तुम्हारी बेटी पर आसक्त है।

"बारात लेकर वापस हो जाओ लाला. वरना मेरी मौत के पश्चात् ही यह शादी होगी।"

नन्दू ने चिल्ला कर कहा।

तुम्हारी यह भी शर्त मंजूर है नन्दू! तुम्हें मौत ही प्रिय है तो पुत्र की खुशी के लिए वह भी कर सकता है।

आसपास पड़े ईट के टुकड़ों को पागलों सा नन्दू बारात पर फेकने लगा। लाला ने हुक्म दिया कि उसे बाँध दो। लाला के पट्ठों ने उसे बाँध दिया।

अलका बाहर आयी, उसने लाला से कहा- मेरे बापू को छोड़ दो, मैं तुम्हारे बेटे से विवाह करने को तैयार हूँ। नन्दू छोड़ दिया गया, लाला ने कहा - "वाह बेटी ! वाकई में तुम बुद्धिमान हो हीरा हीरा ही होता है वह कहीं भी रहे।"

अलका- यहाँ पर अच्छे बुरे सब तरह के। लोग इकठ्ठा हैं मैं समाज के ठेकेदारों से एक प्रश्न पूँछना चाहती हूँ ?

'पूछो बेटी, पूछो, लाला ने कहा।'

'सजा हत्या करने वाले को दी जाती है या बेगुनाह को? उत्तर मेरे होने वाले ससुर जी दें।'

अलका के प्रश्न का लाला के पास कोई जबाव न था वे बात बनाते हुए बोले - बेटी! तुम्हारे प्रश्न का कोई जवाब नहीं, मेरा जो कुछ है सब तुम्हारा है।'

'तात्पर्य यह कि कर्ज बापू ने लिया, सजा मुझको देंगे?' अलका बोली।

'राम! राम!! तुम तो लक्ष्मी हो बेटी..! लक्ष्मी!! गहने कपड़े भेजता हूँ। तैयार हो जाओ।'

तभी अलका की दृष्टि दूल्हे पर पड़ी। पिचका मुँह काला रंग, जैसा शीतल बताया था, उससे भी भद्दा— वह भीतर गयी। तत्क्षण शीतल की याद आयी...

वहाँ सुखी न रहोगी बहन! मेरे लिए बापू ने उसे मारा था। कहाँ होगा मेरा भाई...

वह सुबक - सुबक कर रोने लगी।

अंततः विवश हो अलका को शादी के जोड़े में विवाह स्थल पर जाना पड़ा, वह जाती अथवा उसके बापू को बांधकर ले जाते। वह दूल्हे के बगल बैठी पंडित जल से पवित्र करते तभी इंस्पेक्टर के साथ शीतल वहाँ पहुँचा। आगे बढते शीतल बोला –“यह शादी नहीं होगी”।

आपस में कहासुनी होने लगी। यह लड़के का भाई है। तभी लाला ने कहा— ‘दुधमुँहे!'

मेरे सैतीस हजार सात सौ दो हम बारात अभी वापस कर लेंगे।’

शीतल— ‘नहीं! पूरे चालीस... शाम अपने पालतू कुत्तों को दारू पिला देना।’

सभी जाने लगे तो शीतल बोला— ‘अरे पंडित जी आप क्यों अपना नुकशान करते हैं।’

शीतल ने कहा-“मंत्र पढो पंडित जी। इंस्पेक्टर अलका के बगल बैठा और अलका से इंस्पेक्टर का विवाह हो गया। वह कोई और नहीं बल्कि शेखर था। अलका का आत्मदेव।”

परिवर्तन

"सच कहा गया है कि मांगी मुराद नहीं मिलती। वेरोजगारी के इस युग में किसे नौकरी मिलती है और ऊपर से सरकारी। दरोगा की। रोब-दाब, हाव-भाव वाला पद। पं० माहेश्वरी प्रसाद जी प्राथमिक विद्यालय में प्रधानाध्यापक से सेवा निवृत्त हुए हैं। उनके एक ही बेटा है। निरंजन पाण्डेय। वे बेटे को फौज में भेजना चाहते थे क्योंकि अभी वहाँ ईमानदारी है। उन्होंने बेटे में देश सेवा और ईमानदारी के गुण को ऐसे ठूँस – ठूँस कर भरा था जो कभी निकल ना पाए।"

"निरंजन हट्टा – कट्टा" स्वस्थ गोरा-चिट्टा युवक है। चेहरे पर तेज और आकर्षण है। फौज की नौकरी पसन्द थी पढ़ लिखकर तैयार हुआ तो उन्हीं दिनों दरोगा की भर्ती हेतु विज्ञापन आया। उसके मित्र भर रहे थे तो उसने भी अनमने मन से भर दिया। संयोग ही था कि चयन हो गया।"

कार्यभार ग्रहण से पूर्व माँ-बाप से आशीर्वाद लेने गाँव गया। वहाँ मित्रों ने प्रमुदित मन से स्वागत किया। माँ ने यश प्राप्त करने और बलवान बनने का आशीर्वाद और पिता ने ईमानदारी और निष्पक्ष कार्य करने का आशीर्वाद दिया।

उसकी प्रथम नियुक्ति काशीपुर कोतवाली में हुई। वहाँ के कोतवाल शशि भूषण, सरल स्वभाव के थे। उन्होंने निरंजन पाण्डेय को समझाते हुए कहा "सीधे और विवेक से काम लोगे तो मौज करोगे और टेढ़े-मेढ़े चलोगे तो एक दिन का कार्य हराम हो जाएगा।"

निरंजन - "जी। कुछ समझा नहीं, प्रशिक्षण में तो बताया गया था कि

इस वर्दी की मर्यादा की रक्षा करते हुए न्याय के पथ पर चलना।"

इंस्पेक्टर शशि - "कागज के प्रसून पर इत्र छिड़क देने से उनमें स्थायी प्राकृतिक सुगंध नहीं आ जाती, वैसे ही वहाँ के बताये सिद्धान्तों पर चलोगे तो नौकरी कौन कहे जान के भी लाले पड़ जायेंगे।"

इंस्पेक्टर पाण्डेय - "ऐसा..?"

हाँ – हाँ ऐसा ही, ताराचन्द पुलिस ने समर्थन किया।"

पाण्डेय - "आप लोग ईमानदारी से कार्य नहीं करते..."

कोतवाल - "मेरा ओहदा तुमसे ऊँचा और जिम्मेदारी का है। मैंने जो कहा उसे आपने सुना। आगे प्रश्न करना उचित नहीं, जो समझाना था समझा दिया।"

कोतवाली शहर से बाहर थी। मुख्य गेट पर खड़ा था कि तभी उसकी दृष्टि सामने के बगीचे में गयी। कुछ लोग बेरहमी से पेड़ काटने में मस्त थे।

कोतवाल से पूछा - "क्या पेड़ काटना कानूनन अपराध नहीं है ?" है किन्तु...सामने के बाग में कुछ लोग पेड़ काट रहे हैं, उन्हें रोकने हेतु पुलिस को भेंज दूँ।

नहीं। वे विधायक के आदमी हैं।

इंस्पेक्टर पाण्डेय – "मैं उन्हें पेड़ काटने के अपराध में जेल भेजूँगा। कृपया आप हस्तक्षेप न करिएगा।"

मिस्टर पाण्डेय क्या करने जा रहे हो आप नहीं जानते बाहुबली विधायक जी बड़े ही खूंखार और खतरनाक व्यक्ति हैं। कोतवाल शशिभूषण ने समझाया। पाण्डे – "चालान फॉर्म" भर रहा था कि तभी विद्यायक का फोन आया

कोतवाल ने कहा – "सर नए इंस्पेक्टर पाण्डेय ने उन्हें पकड़ा है। कोतवाल ने फोन पर खबर दी। तभी विद्यायक का फोन पाण्डेय को दिया।

विधायक – "आपने मेरे आदमियों को पकड़ा है। छोड़ दो।

पाण्डेय – सर ! आप तो जन प्रतिनिधि है ; पेड़ कटवायेंगे गले नहीं उतरता।

विधायक – "पेड़ लगाये किस लिए गये हैं? कटेंगे तभी हो लगेंगे। बेहतर होगा कि उन्हें तत्काल छोड़ दो।"

पाण्डेय – "यह कैसे हो सकता है? उन्हें छोड़ दूँ तो किसे पकड़ूँ, शराब वाला, चरस-गाँजा वाला, जुआ वाला, जेब कतरा, सब आप के आदमी होंगे।"

विधायक – कुछ अधिक बोल रहे हो इंस्पेक्टर, मुझे भली – भाँति नहीं जानते तभी माफ करना पड़ रहा है।

पाण्डेय – "नहीं, तो क्या करते "हस्तांतरण ?"

विधायक – "दुनिया से छुट्टी कर देता। देखो मैं नहीं चाहता कि हफ्ते भर भी तुम यहाँ न रह सको।"

मैंने अभी वेग को खोला ही कहाँ है। एक हफ्ते और न खोलूँगा। और हाँ चालान काट दिया है। कोर्ट से जमानत हो जायेगी।"

विधायक – "अपनी मौत को निमंत्रण दिया है पाण्डेय। तुम जैसे न जाने कितने लोगों की आवाजें बंद कर चुका हूँ। मेरा इंतजार करो।"

"दुःख है कि आपके मुख में दो तरह की जीभ हैं, एक भलाई का दिखावा करने की, दूसरी अन्याय की मैं आपका बहुत सम्मान करता हूँ। सीधी तरह के काम से भी तो कमा सकते हैं, जरूरी तो नहीं है कि कानून को हाथ में लेकर ही काम करें।" पाण्डेय ने कहा।

विधायक – "मैं कहानी और उपदेश सुनने का आदी नहीं हूँ। सतर्क रहना चौबीस घंटे का समय देता हूँ।" तभी कोतवाल ने पाण्डेय को समझाते हुए कहा – "अच्छे परिवार के हो, नई उम्र और वर्दीका जज्बा है। तुम्हारी धृष्टता और हठीले स्वभाव से मैं भी संकट में पड़ सकता हूँ। तुम पढ़े-लिखे हो, तुम्हें दूसरी नौकरी मिल जायेगी । यह दरोगा की नौकरी तुम्हारे योग्य नहीं है। विधायक बाहुबली है, उसके आदमियों की आँखों में न शील है न संकोच। उनकी संख्या भी अगणित है, जिसके समक्ष तुम न टिक पाओगे।

पाण्डेय – मुझे विश्वास है कि तुम साथ न दोगे ।"

मृत्यु स्वीकार है, अपेक्षा अन्याय के, न्याय के पक्ष में कदम बढ़ गया है तो पीछे नहीं लौटेगा । मुझे दूसरी नौकरी की अपेक्षा ही नहीं है किन्तु दुःख की बात है कोतवाल साहब! सरकार से वेतन मिलता है, सुरक्षा और अपने नैतिकं मूल्यों से कितना गिर चुके हैं । कोई मुकदमा दर्ज कराना चाहे तो ऐसा आरोप है । कि आप उससे पैसा मांगने हैं । अपराध कोई और करता है । जेल कोई और जाता है । क्या यही है देश का कानून ? मैं पूछता हूँ कि यदि कोई गरीब पेड़ काट रहा होता तो सिपाही गण क्या करते? यही करते उसे पकड़ कर चालान या फिर पांच, दस हजार लेकर छोड़ देते । जब आप लोग खुद बेईमान हैं, भ्रष्टाचारी हैं स्वयं सुरक्षित नहीं, अन्यायी से डरते हैं तो दूसरे की रक्षा और न्याय का पक्ष कैसे ले सकते हैं? आप लोग मृत्यु से डरते हैं । मृत्यु को इतना फुर्सत नहीं कि हमेशा खड़ी रहे । वह तभी आएगी जब जिसका समय पूरा हो जायेगा । संसार में सब जगह बाहुबली हो जायेंगे तो निर्दोषों की रक्षा कैसे हो सकेगी? सोचो सोचो । आप सब अपने अधिकार और कर्तव्य के प्रति विचार करो । करना कुछ नहीं है मेरे पीछे खड़े रहना । विधायक नहीं उसके चमचे आएंगे । पहले मैं उन्हें समझाउँगा फिर विधायक को ।

सहसा एक कार थाने के सामने रुकी। कार से बाहुबली के कुछ चमचे उतरे । कौन है पाण्डेय पूँछते भीतर आए । एक रोबीली आवाज में पाण्डेय सामने आते बोला - "मैं हूँ कहो..."

आपने लकड़ी काटने के जुर्म में कुछ लोगों को पकड़ा है । जो सेवा हो किया जायेगा, छोड़ दो ।

पाण्डेय - प्रलोभन न दीजिए । घूस देने के आरोप में आपको भी अन्दर कर दूँगा । बेहतर होगा उन्हें कोर्ट से छुड़ा लीजिए। वे यहाँ से जा चुके हैं।

वे खड़े रहे तो इंस्पेक्टर पाण्डेय से पूछा - आप तो जाने पहचाने लगते हैं। उसने कहा - अरे ! निरंजन ?"

निरंजन – "मोहन, तू विद्यायक के यहाँ कैसे ....?"

मेरा सम्बन्धी यहाँ रहता है । कोई नौकरी तो मिली नहीं...उसी के सहयोग से पेड़ काट और लकड़ी बेचने का काम करता हूँ आहिस्ता मोहन ने कहा ।

असली अपराधी तो तू ही है ।

हाँ, हाँ, मेरा भी चालान कर दो ।

सुनो मोहन! तुम मेरे साथ पढ़े हो । बात मानो तो कुछ कहूँ । पाण्डेय ने कहा।

मोहन –" बिलकुल मानूँगा ।"

पेड़ों में भी जान होती है। ऊपर से पेड़ हमारे प्रकृति के संतुलन के सहयोगी है। तुम उन्हें क्यों कटवाते हो?

क्या कहूँ मित्र ! चोरी से तो बेहतर है।

तुम्हारी दृष्टि में मोहन, मुझे तो सजा देना हो तो वही दूँ जो एक हत्यारे को सजा दी जाती है।

मोहन – "तुम कहते हो तो आज के बाद इस व्यवसाय को ही छोड़ दूँगा।"

सभी चले गये, कोतवाली के सभी कर्मचारी आश्चर्य चकित थे। उन्हें यही लगा था कि आज पाण्डेय का काम तमाम हो जायेगा। जबकि कुछ न हुआ इस घटना के पश्चात पान्डेय नायक, बन चुका था।

मोहन विधायक जी को समझा – बुझा कर शान्त किया। जैसे-तैसे दिन बीतने लगा। एक शाम पाण्डेय अपने हल्के से आ रहा था। तभी एक गरीब जिसे कुछ लोग मार रहे थे छुड़ाया। गुण्डों को पकड़कर थाने लाया। पूँछते पर ज्ञात हुआ कि गरीब ने गुण्डों से सामान सब्जी के पैसे मांगे थे।

विधायक ने फोन पर कहा - "पाण्डेय ? आज फिर तुमने हमारे आदमियों पर हाथ डाला)

पाण्डेय - "विधायक जी ! जहाँ भी अन्याय होगा वहाँ पाण्डेय रहेगा। बेहतर होगा कि आप उन रास्तो को बन्द कर दें जो लोक हित से परे हो। यथार्थ के धरातल पर निहथ्था इन्सान भी शस्त्र सम्पन्न व्यक्ति से अधिक शक्तिशाली होता है।"

विधायक - "पाण्डेय, दुर्दिन में मनुष्य का विवेक भी बौना हो जाता है, सांप के मुख में बार-बार उँगली डालोगे तो खुद जानते हो बया होता है। तुम्हारे प्रत्येक कृत्य का बाखूवी लेखा – जोखा हो रहा है।

पाण्डेय- सर, सत्य-प्रेमी की सफलता स्वयं उसके साहस एवं संयम के संक्रोण में सन्निहित होती है। यह पहले से ही बुरे समय के स्वागत में पावड़े फैलाए बैठा होता है।

विधायक – "सुनो पाण्डेय! परिस्थितयों से सामंजस्य बना कर जो नहीं 'चलता उसका पतन हो जाता है पाण्डेय -" भूल रहे हैं विधायक जी, विशाल

जंगल में रहने वाला सिंह किसी भी परिस्थिति को स्वीकार नहीं करता, वह एक मात्र धर्म का पालन करता है। "मैं मानता हूँ कि आपके मन में अन्याय के डंगे बज रहे हैं' मैं उसे ध्वस्त करते हुए न्याय और ईमानदारी का परचम गाड़ देना चाहता हूँ जिससे वातावरण में रहने वाला प्रत्येक, मानव गर्व और सुख का अनुभव कर सके।

बाहुबली- "शायद तुम अपने अस्तित्व से अधिक सोचने लगे हो।"

पाण्डेय – "सर, आप जन प्रतिनिधि हैं; वोट की राजनीति करना जहाँ आप का काम है वहीं' प्रत्येक छोटे-बड़े को एक दृष्टि से देखते हुए कानून की रक्षा करना कराना मेरा अर्थात प्रत्येक पुलिस कर्मी का। पाण्डेय के बढ़ते मनोबल से क्षुब्ध बाहुबली की आत्मा ने स्वीकार किया कि पाण्डेय भी कुछ हद तक सही कह रहा है। वह अपने कर्तव्य का पालन करता है और हम अपने। दोनों के रास्ते विपरीत हैं और रहेंगे.. मैं एक मामूली इंस्पेक्टर के समक्ष कमजोर नहीं हो सकता। मैं बच्चू लाल को सस्पेन्ड करा दूँगा तो हैकड़ी हिरन हो जायेगी। चाहूँ तो तीन दिन में ट्रान्सफर करा कर ऐसी जगह भेजवा दूँ जहाँ... बर्फीली हवा और ठण्ड में दुबका पड़ा रहेगा। उसने शाम को रमा 'बाई नामक मशहूर नर्तकी को बुलवाया। जो अत्यन्त सुन्दर और बाक पटु थी। अच्छे-अच्छों को अपने वाणी कौशल से प्रभावित कर लेती। बाहुबली समझता था कि उसका यह निशाना अचूक होगा। वह अपने प्रेम जाल में फँसायेगी तो उससे कुछ क्रमांक के रूपये उसकी जेब में डलवा दूँगा और कोतवाल से कह कर गिरफ्तार करा दूँगा। रात के आठ बजे होगे, इंस्पेक्टर पाण्डेय चौक के समीप गस्त पर था। रमावाई उधर से निकली, अजीब सी चाल, नाज. नक्श और बांकी चितवन और चुस्त पहनावा था। उसने पाडेय को नमस्ते किया तो आश्चर्य हुआ कि यह कैसे जानती है१ क्षण भर सोचता रहा। वह अभी कुछ ही कदम बढ़ी थी। सुनो..! रमा पीछे मुड़ी तो उसने पूछा- मुझे कैसे जानती हो ?

'आपको कौन नहीं जानता ? पाण्डेय ने गंभीरता पूर्वक युवती के सौंदर्य को निहारा। ऐसा प्रतीत हुआ जैसे अरुणोदय से पूर्व प्राची-दिशा में शनै:-शनै: विकसित कोमल गुलावी छटा सदृश्य कपोल और शिशिर कालीन अम्बर पर शीत में बादल के मध्य खिंची स्याह काली रेखा सी भौहें थी । उसकी मोहकता का प्रभाव पाण्डेय पर पड़ा ।" वह चली गयी पाण्डेय सोचने लगा, वह युवती कौन थी ? एक पुलिस इंस्पेक्टर के लिए जानना कोई कठिन न था।

दूसरे दिन भी वह चौक पर दो पहिया वाहनो और कारों की जाँच कर रहा था । तभी वह युवती भी गुजरी । उसने नमस्ते किया फिर भी पाण्डेय उसके कार की तलाशी लेना कर्तव्य समझा।

युवती ने कहा- 'स्वार्थ पूरित मेरा मन आपसे कुछ पूँछने की जिसासा रखता है।

पाण्डेय – "पूँछिए....?"

रमा- " यहाँ संभव नहीं है। मुझे उस सुदिन की प्रतीक्षा है जब आप के महत्वपूर्ण समय का कुछ पल मेरे नाम होगा ।"

पाण्डेय - " शायद ही तुम्हारी कामना पूर्ण हो ।"

रमा - "आँखे देखती हैं। मन सहेजता है और ह्रदय से अनुभूति का बोध होता है । आत्मा उचित अनुचित पर विचार करती है । निशा के रंगीन हिडोले में बहुतेरे स्वप्न दीख पड़ते हैं, आवश्यक नहीं की सभी यथार्थ ही हो जाएँ।"

पाण्डेय - "न तो मैं स्वप्न देखता हूँ न ही सोचता हूँ। कोई स्वप्न यथार्थ हो जाय यह संभव नहीं क्योंकि यह प्रेम का विषय है जिससे मैं परे हूँ।"

आप जा सकती हैं, इस दो टूक कथन से रमा विचलित हो उठी। यह किस मिट्टी का बना इंसान है जिसे नारी सौन्दर्य भी आकर्षित न कर सका।

प्रायः सुना गया है कि नारी सौन्दर्य के समक्ष देवता भी टूट जाया करते थे किन्तु यह....। हालाँकि उसकी नैतिकता और न्याय प्रियता के किस्से सुन चुकी थी, उसके अन्तः करण में इंस्पेक्टर के प्रति श्रध्दा का अर्विभाव होना सहज था। वह वेश्या की बेटी अवश्य थी लेकिन उसे चरित्र बेचना पसन्द न था। भले ही लाखों उसके सौंदर्य पर लट्टू और मरते थे लेकिन किसी को भी भाव न देती। वह राजनीति विज्ञान में पोस्ट ग्रेजुएट थी। विधायक उसे बेटी की तरह ही मानता और विश्वास करता था। प्रायः ही लोग कहा करते कि रमा की माँ विधायक की रखेल और रमा विधायक से जन्मी उसकी बेटी है।

संध्या का समय था। विधायक के दरबार में उसके चापलूस जी हुजूरी में बैठे थे तभी रमा भी वहीं आयी उसने सम्पूर्ण किस्सा सुनाया । क्रोध से तमतमाया विधायक बोला " रहेगा वाँस ही न तो बजेगी बाँसुरी फिर कैसे? मैं उस इंस्पेक्टर की हत्या करा दूँगा । सोपाडी देने की बात रमा ने सुना हो बोली- "आप पागल तो नहीं हो गये हैं । इतने घिनौने कार्य को थूक दीजिये । मुझे विश्वास है कि आप इस कार्य में जल्दी न करेंगे । बाहुबली भी सहमत हो गया। आप मुझे बेटी मानते हैं न, तो आपके अपमान का बदला लेने का हक, भी मेरा है, मुझे और वक्त चाहिए । नये पुरा में मनीराम विधायक का चहेता था। गाय-भैस की देख भाल से लेकर खेती-बाड़ी बाग- बागात सब की देखभाल उसी के संरक्षण में थी । मनीराम के सामने सीता राम का घर और पीछे उसकी परती जमीन थी । मनी बाहुबली के यहाँ नौकरी करते हुए स्वयं को ही बाहुबली समझ बैठा । पंचायत में सीता राम ने न्याय की गुहार लगाई और गाँव के पंचों को बुलाया। सबने मुहँ देख, मनी के हित में फैसला देकर चले गये। बेचारा सीताराम सोच बैठा कि संसार में न्याय रहा ही नहीं। उन्हीं दिनों किसी ने बताया कि ऐसा नहीं है ।

न्याय का पक्ष लेने वाले हैं । फिर वह इंस्पेक्टर पाण्डेय से मिला—

"पाण्डेय ने गांव का लेखपाल और पंचायती सदस्यों को रविवार के दिन बुलवाया। नाप-जोख में वह जमीन सीता राम को मिली। पाण्डेय ने मनीराम से कहा —"इस बार तो छोड़ देता हूँ, किसी के, बहकावे में आकर किसी गरीब की जमीन की तरफ देखोगे तो चार सौ बीस के जुर्म में जेल भेज दूँगा। वह पंचायती लोगों से कहा—"चुल्लू भर पानी में अपना मुख देखो.. फिर किसी के प्रति न्याय करने जाओ। अन्यायी के मित्र से न्याय की अपेक्षा कहाँ, जो डरते हैं वे न्याय नहीं बोल सकते।

*****

बासन्ती बयार की भीनी भीनी गंध थी। आकाश से धरती तक का वातावरण उन्माद पूर्ण था। फाल्गुनी रंगों से नहायी भानु रश्मियाँ क्षितिज पर अलौकिक आभा विकसित करने लगी थी। तभी पाण्डेय को वह युवती याद आयी, जो अत्यन्त पसन्द थी। प्रथम समय था जब कोई युवती उसके हदय-तन्तु में एक अजीब सिहरन उत्पन्न कर गयी है। कई माह से वह न मिल सकी थी।

रंगों भरी होली का दिवस समीप था। ऐसे अवसर पर पुलिस की जिम्मेदारी अधिक बढ़ जाती है। पाण्डेय उसी चौक के पास खड़ा था। कई माह के पश्चात् रमा मिलने आयी। रमा—"सम्पन्न वही है जिसे अपेक्षा न हो फिर भी अपेक्षित वस्तु स्वयं द्वार तक चल कर आये। मैं आपकी प्रेम पुजारन यश की प्रशंसक हूँ। सुना है आप सबके प्रति न्याय करते हैं किन्तु अपने प्रति नहीं, कुछ कहूँ। 'पाण्डेय ने सधैर्य कहा – कहो।"

रमा –"कल मेरे आवास पर एक तुच्छ पार्टी है। आप क्षण भर भी आ जाते तो मैं और मेरे आयोजक कृतार्थ से जाते। बहुत सोच-विचार के पश्चात् उसने संस्तुति दे दी। आज फिर त्रिया चरित्र जीत गया था। निःसंदेह ही शील, धैर्य और चरित्रवान व्यक्ति भी उसके समक्ष कमजोर हो जाता है।

पार्टी में होने वाला समग्र व्यय विधायक का था। प्रत्यक्ष न होते हुए भी वह वहाँ था। पार्टी प्रारम्भ हुई। न जाने क्यों रमा का हदय धड़कने लगा। वह पाण्डेय की बहादुरी पर मुग्ध थी। उसने तय कर लिया कि मैं पाण्डेय के साथ धोखा न करूँगी। अतिथि को बुलाकर धोखा देना, अपराध है। उसकी आत्मा ने सीधे नकार दिया था घोर अपराध। वह आया 'रमा फूली न समायी। पार्टी समापन की दिशा में बढ़ने लगी। विधायक को आश्चर्य हुआ रमा उसी की हिती हो गयी। झट उन्होंने पैतरा बदला और बेटर से कह कर नशा की गोलियाँ पानी में डाल पिला दी। कुछ देर बाद वह बेहोश हो गया। विधायक ने उसकी पॉकेट में रूपये भर दिये। विद्यायक ने कोतवाल को बुला लिया। कोतवाल ने उच्च्च अधिकारियों को भी सूचित किया। अपराध शाखा-अधिकारी के आते तक पाण्डेय ठीक हो चुका था। उन्होंने उसके पैंट से नगदी रुपये प्राप्त किये। कोतवाल ने धीरे से विधायक से पूछा - "कि इसे घूस कौन और क्यों दिया ? यह भी दिखाना है।"

विधायक ने रमा से कहा - "तुम कह दो कि मुझसे उन्होंने यह माँगा था।" तो उसने कहा - किसी नेक व्यक्ति के लिए मुझसे यह अपराध न होगा। विधायक भौचक्का रह गया। उसने कहा - "तुम यहाँ से चली जाओ।" वह चली गयी। विधायक पहले ही जानता था कि रमा पाण्डेय के साथ धोखा न कर सकेगी। तभी तो उसने पहले से मनीराम को बुला रखा था।

गिड़गिड़ाते मनीराम बोला - "उन्होंने सीताराम से मेरी जमीन दिलाने के लिए दस हजार रुपये घूस के यहाँ देने को कहा जो मैंने सब के नम्बर नोट करके इंस्पेक्टर साहब को दे दिया।" पाण्डेय गिरफ्तार हो कर चला गया। घर पहुँच कर रमा सिसक कर रोने लगी। उसी के कारण पाण्डेय के साथ ऐसा हुआ। उसे विधायक से ऐसी अपेक्षा न थी। उसने तो स्वप्न में भी न सोचा था कि विधायक इतने निम्न स्तर का उत्तर सकता है।

"रमा के ऊपर विधायक की भृगुटी तनी थी। मरते समय उसकी माँ मुन्नी बाई को वचन न दिया होता कि "आज अपनी बेटी या अपने ही खून को नोंच कर खा गया होता। उसने सदैव रमा को अपनी बेटी से अधिक सुख-सुविधाएँ तथा सुरक्षा दी और....।" दूसरे दिन रमा जेल में पाण्डेय से मिलने गयी तो वह मिलने से मना कर दिया। तीसरे दिन वेल कराने की अर्जी दी और पेशी पर पाण्डेय को कोर्ट लाया गया। पाण्डेय की दृष्टि रमा पर पड़ी जो सिसक रही थी। वह समझ गया कि रमा निर्दोष है। पाण्डेय को कुछ समय के लिए न्यायिक अभिरक्षण में भेज दिया गया। कुछ महीने बाद रमा ने पाण्डेय को जमानत पर जेल से बाहर करा दिया। रमा को उसी वर्ष अधिवक्ता की उपाधि प्राप्त हुई थी। वह पाण्डेय का मुकदमा खुद ही लड़ना चाहती थी। उसे ज्ञात था कि किसी भी वकील को लड़ने को कहूँगी तो निश्चित ही विधायक के भय से उसका पक्ष लेकर पाण्डेय को सजा करा देगा और उसकी नौकरी भी छूट जायेगी।

बाहुबली के भय से सभी काँपते थे। कई – कई बार बाहुबली के मन में आया कि रमा को गोलियों से भुनवा दूँ। फिर मुन्नी बाई का चेहरा नेत्र पर उत्तर आता.. आप वचन दो अपने खून की रक्षा करेंगे? विधायक संसार में किसी को ह्रदय से चाहा था तो वह थी मुन्नी बाई। और असमय निधन से वह टूट गया था।

मुकदमा प्रारम्भ हुआ। रमा ने पाण्डेय से पूछा–“आप मुझे जानते हैं?”

उन्होंने कहा- 'हाँ, तुम रमा हो।'

उस पार्टी में तुम्हें कौन बुलाया था..? और तुम्हारे साथ क्या हुआ..? पाण्डेय ने सब बता दिया।

रमा ने विपक्षी मनीराम से पूछा - "तुम्हें पार्टी में कौन निमन्त्रण दिया था?

'जी..जी कोई नहीं।'

नोट किया जाए मीलार्ड यह व्यक्ति शहर में होने वाली पार्टियों में बगैर निमन्त्रण के ही जाता है। मनी" - मुझे विधायक जी ने निमन्त्रण दिया था। मनी ने कहा।"

मीलार्ड! मैं विधायक से कुछ पूछना चाहती हूँ ?'

रमा- "विधायक जी आप पार्टी में थे... थे तो किसके कहने पर ?"

विधायक- 'नहीं।' नोट किया जाय न्याय दाता। मनी झूठा है या विधायक...।

मीलार्ड - मैं उस पार्टी के उस वेटर से कुछ पूछने की अनुमति चाहती हूँ ?

न्यायाधीश- अनुमति है ।"

रमा- 'तुम्हें नशे की गोली पानी में डालने को किसने कहा था ...?

विपक्षी वकील - "ऐसे ऊट - पटांग प्रश्न पर आपत्ति है न्यायदाता ।

न्यायाधीश - प्रश्न तथ्यगत है। पूछा जाय।'

रमा- "बोलता क्यों नहीं...साफ-साफ न बताया तो तुझे ही अपराधी मान किया जायेगा।

विपक्षी अधिवक्ता - आपत्ति है मीलार्ड धमकाकर प्रश्न नहीं पूछा जा सकता रमा ने एक गिलास पानी वेटर के हाथ में दिया। कहा- यही वह गिलास है जिसमें तुमने नशे की गोली डाली थी। नहीं नहीं मैंने नहीं डाली थी।

फिर किसने डाली थी.. उसने भयभीत दृष्टि से विधायक को देखा।

बोला "विधायक जीने डाली थी...?"

वह रो पड़ा । वाणी हलक से बाहर न आयी।

रमा "मीलाई! बाहुबली माननीय विधायक के समक्ष अच्छे-अच्छे लोगों की घिग्घी वध जाती है। तो इस बेचारे की क्या विसात उन्होंने पाण्डेय को इसलिए नशे की गोली पानी में डाल कर पिलायी जिससे उनके जेब में रुपये डाल सकें। क्योंकि इंस्पेक्टर पाण्डेय जी विधायक के सभी काले धन्धे बन्द करा चुके हैं, मीलाई। एक बार मैं उन मनीराम से कुछ पूछना चाहती हूँ, इस बार तो सब स्पष्ट ही हो जायेगा।"

"मनीराम... तुम्हें घूस के ये हजार रुपये कहाँ से मिले..?" मनी- "जी जी, भैंस बेंचा था।

रमा – "किसे...?

मनीराम –"एक व्यापारी को।"

तुम्हारे यहाँ कितनी भैंस थी ?"

"दो".. नहीं "एक"। मीलाई इसी के पड़ोसी से कुछ पूछना चाहती हूँ? पूछ सकती हो आदेश है। न्यायाधीश ने कहा। सीताराम तुम्हारा घर इसके घर से कितनी दूरी पर है? "आमने-सामने।" इसके कितनी भैंस थी ?"

"जी" एक भी नहीं... कई वर्ष से केवल गायें ही हैं।"

स्पष्ट हो चुका मीलार्ड ! पाण्डेय जी को दुश्मनी वश फंसाने के लिए मनी और विधायक ने षड्यन्त्र रचा जिसमें वे खुद ही फंस चुके हैं, मीलार्ड ! सच है... झूठ और पाप का घड़ा भरते-भरते फूट जाता है। इस षड्यन्त्र के जनक विधायक जी को जो भी सजा मिले कम ही होगी।

विधायक – "होश में रहो लड़की मीलार्ड..! खून से खून कमजोर नहीं होता। मैं उन्हीं की बेटी हूँ। जो एक वेश्या के कोख से जन्मी... मेरी जगह कोई दूसरा होता तो कल की सुबह नहीं देख सकता था। मेरी माँ को इन्होंने वचन दिया था कि....।

विधायक जी जेल गये और कालांतर में पाण्डेय पुलिस अधीक्षक के पद पर पहुँचा। जेल से जब विधायक जी निकले तो उन्होंने अपना पुराना चोला वहीं छोड़ दिया। अब वे एक सरल सभ्य इंसान बन गये । वे अपने दामाद पाण्डेय और बेटी रमा को अपना भगवान मानते हैं। उनमें जो परिवर्तन हुआ किसी को भी ऐसी अपेक्षा नहीं थी।

वारिश

इस कथा को लिखते समय मैं थका सा अनुभव कर रहा हूँ, क्योंकि एक बाप हूँ। बाप होना कोई अभिशाप नहीं, लेकिन जब मैं श्रीधर को देखता हूँ तो दुःख होता है। ईश्वर ऐसा बेटा किसी को न दे। माँ की तरह तुनक मिजाजी, क्रोधी, गुस्सा तो नाक की सीध में रहता है, बातूनी और काम चोर, घी की गगरी ढ़रकती रहे लेकिन पट्ठा तस से मस न हो। वाणी में कठोरता, काट खाने जैसी आवाज़।

बेचारा श्रीधर सोचता मेरे परिवार में ऐसा कोई नहीं। फिर...! बेटे को समय से उठने, पढ़ने लिखने के लिए कहता तो उसकी मम्मी चिल्लाते हुए कहती - .... तुम तो गरीबी में पले और बढ़े हो... कंजूसी में जीना सीखा है। मैं नहीं चाहती तुम्हारे अभाव की छाया बेटे पर पड़े। उसका जन्म नए युग में हुआ है और उसे अपने हिसाब से जीने दो।"

"ठीक है भाग्यवान! तुम भी मजे से जियो, वह भी, बाप हूँ न, कोई दुश्मन नहीं। चाहता था कि अच्छा पढ़ लिख ले। आहत मन वह बोला।

"यह तो मान लो, किसी भी क्षेत्र में तुमसे कम न होगा। बच्चों को स्वतंत्रता चाहिए, उन पर बोझ, डालना आदि उचित नहीं।"

श्रीधर - "संस्कार सिखाना बोझ है? समय से सोना, उठना बोझ है, ठीक है। सीमा मजबूर हूँ ... बाप होने के नाते रहा नहीं जाता।"

सीमा - "भाड़ में जाये ऐसा बाप जो हुकुम पर हुकुम चलाये उसके साथ न खेलो, पढ़ो, यह न करो ,वह न करो, वह करो, वह न खाओ यह कोई बात है? अनाथ थे न? माँ बाप का कभी प्यार मिला होता तो समझते।

उसकी बेटी मेनका ने विरोध में कहा - "मम्मी! ऐसे तुच्छ शब्दों का प्रयोग उचित नहीं। जो किसी को चोट पहुँचाए। तुमने पापा को जो कुछ कहा है, माफ़ी मांगो।"

मीना - "चटाक...! (आवेश में) मीना ने बेटी के गाल पर सन्नाटेदार तमाचा मारा।"

बेटी का चेहरा लाल हो गया अनुचित पर श्रीधर का हृदय कराह उठा।

स्वयं पर चले व्यंग्य बाण से अधिक पीड़ा बेटी पर हुए प्रहार से हुई। मीना, तुम्हारा पर क्रूर वर्ताव मुझे कतई बर्दास्त नहीं है। तुझे ठीक से रहना हो, रहो वरना बेटे को लेकर यहाँ से... बेटी ने बापू का मुख ढंकते हुए कहा- नहीं पापा ! नहीं। माँ - बाप दोनों से परिवार की शोभा है उन्होंने अपनी बेटी को मारा है.. भले ही मेरी कोई गलती न हो, हैं तो मेरी माँ ही।'

सीख लो...मीना, इसे संस्कार कहते हैं। मैं कहीं आशीष को तमाचा मारा होता तो तुम पर गलत प्रक्रिया होती और तुम आग की तरह दहक उठती।

मेनका ने कहा- 'बापू ! कालेज में कल से समारोह है, प्रिसिंपल सर ने आप और मम्मी को बुलाया है।

मीना- मुझे कल एक सहेली के बर्थ डे पार्टी में जाना है, यही चले जायेंगे।'

रात बीती बात बीती, सुबह सभी अपने-अपने कार्य में लग गये। चौका बर्तन करने वाली आया नहीं, आयी थी मीना देर तक सोई रही, बेटी मेनका स्वयं तैयार हुई, बापू को भी नाश्ता देकर कालेज चली गयी, आशीष दिन के दस बजे तक सोया था। श्रीधर से बेटे का इतनी देर तक का सोना बर्दास्त न हो रहा था। वह नहीं चाहता था कि उसे कुछ कहे और घर में तूतू में-में शुरु हो

जाय। वह बार-बार हाल से बेडरूम तक चहल कदमी करता और सोचता, कैसे बाप हो, कैसा संस्कार दे रहे हो बेटे को ? इस संसार में शायद ही कोई ऐसा हो जो सोता होगा, यहाँ तक कि रोगी भी। तभी मेरा मन सख्त हुआ और बोला – इस घर में ऐसा न चलेगा। सभी बच्चे कॉलेज में पढ़ाई करते होंगे और यह सो रहा है। (उच्च स्वर में) आशीष ! दिन के दस बज चुके और तुम सोये हो ......? उठो..........रोगी भी इतनी धूप चढ़े तक नहीं सोते।

आशीष- "माँ ....माँ, मैं हजार बार कह चुका.......सुबह मुझे पिता जी न जगाया करें किन्तु आपके सेहत पर असर ही नहीं पड़ता, सुबह – सुबह रोगी और भोगी कह मेरा दिन ख़राब करने पर तुले रहते हैं। प्रातः डाट कर जगाने से दिन भर डाट सुनते रहना पड़ता है।

श्रीधर – बेटा ! माँ बाप, की डांट तो प्रसाद है भला कौन ऐसा भाग्यशाली है जिस पर उनकी डांट पड़े।

आशीष – आप अपने में सुधार न लाये तो मेरा आप से कोई सम्बन्ध न रह जायेगा, आपको बाप कहने में भी घृणा का बोध होगा। हूँ.....जब देखो तब डांटते रहते हैं।"

श्रीधर – आशीष ! क्या बके जा रहे हो, तुम दिन चढ़े तक सोओ और कोई कुछ न कहे, नहीं,..........नहीं,.........नहीं, आप कुछ न कहेंगे

बस.........आशीष ने कहा।

बाप – बेटे में नोंक – झोंक हुई किन्तु मीना न थी, वह लान में माली को कुछ समझा रही थी।

बेटे की कर्कस वाणी से बाप का कलेजा विध गया था, उसे इतना भी अधिकार न था कि बेटे को कुछ समझा सके। वह ऑफिस चला गया। दिन भर कार्य में मन न लग रहा था। कई बार मैनेजर ने पूछा भी सर ! तबीयत

बराबर नहीं है क्या ?

सिर से ही हाँ मैं संबोधन किया । शाम को फैक्ट्री बंद हुई सभी कर्मचारी चले गये मैं ऑफिस में अकेले ही बैठा रहा । गेट कीपर ने सोचा – मालिक से चाय के लिए पूँछ लूँ वह अचानक प्रविष्ट हुआ और देखा मालिक की आँखों में विषाद के आँसू हैं ।

उसे देखते ही श्रीधर सकपकाया और आँसू पोंछने का प्रयास करने लगा । दरवान ने हाथ जोड़कर कहा – "स्वामी ! मैं आपका एक तुच्छ सेवक हूँ......इतनी उम्र में सैकड़ों जगह काम कर चुका किन्तु आप जैसा मालिक बड़े भाग्यशाली को नसीब होता है। आप दुखी रहेंगे तो हम कैसे खुश रह सकते हैं। इस वर्दी की कसम देता हूँ कि आपको जिसने दुःख दिया है उसे जीने न दूँगा।

उसकी बात सुन श्रीधर मुस्कराने लगा । दरवान बांके हक्का – बक्का मालिक का मुख देखता रहा जो अभी कुछ क्षण पूर्ण अश्रुपूरित था। स्वामी... हाँ बांके, तुम्हारी बात सुन हँसी आ गयी। मुझे भला कौन दुःख देगा। आप बैठो, उन्होंने पास की ही कुर्सी पर बैठने का संकेत किया।

बांके - "न हुजूर न... आपके सामने कुर्सी पर बैठ जन्म नष्ट न होने दूँगा। आप स्वामी हैं। ईश्वर तुल्य हैं। वह फर्श पर बैठने लगा तभी श्रीधर ने उसे कुर्सी पर बैठाया।

श्रीधर - "बैठो, इस समय फैक्ट्री बन्द है, अब हमारा सम्बन्ध महज मानव का है। जब कारखाना चलेगा तब हमारा मालिक-सेवक का सम्बन्ध होगा।

बांके - "आज आप घर नहीं गये ?"

श्रीधर - "नहीं बांके, अतीत में झाँकने लगा था। तुम तो मेरा आज देखते हो अतीत तो मैं ही जानता हूँ। जब मैं हरियाणा आया तो मेरे साथ एक

तौलिया थी। फरीदाबाद की सड़कों पर दिन भर घूमता रहता और फिर दूर के एक सम्बन्धी को फैक्ट्री फैक्ट्री खोजता रहता। रात में तौलिया बिछा कर किसी बेंच पर सो जाता। एक रात बिना कुछ खाये पिये एक गेट के सामने पत्थर की बनी बेंच पर सोया था तभी एक कार रुकी। कार से उतरने वाले व्यक्ति ने मुझे जगाया, वह बेंच पर सोने का कारण बताया। उन्होंने मुझसे पूछा- 'काम क्यों नहीं करते..?'

"मिले तब कहीं ।"

एक गाड़ी से कुछ गत्ते उतारने हैं, मैं तैयार हो गया । भूख से कलेजा बैठा हुआ था। उन्होंने गाड़ी से निकाल कर कुछ फल दिये जिन्हें खाया और देखते ही देखते गाड़ी खाली कर दिया। वे बहुत खुश हुए और मुझे अपने यहाँ प्रोडक्शन में रख लिए। जब कुछ दिन बीता तो उन्होंने कहा- श्रीधर तुम पैसा नहीं लेते, मेरे पास इकट्ठा करते जा रहे हो माँ-बाप को दे आओ।

श्रीधर – "आप ही मेरी माँ हैं और बाप भी, मैं अनाथ था सहारा आप ने दिया। भोजन मिलता ही है पैसे क्या करूँगा।"

रात-दिन परिश्रम और ईमानदारी से काम किया और सीखा, गाड़ी की खलासी करने वाले को उन्होंने एक दिन फैक्ट्री का मैनेजर बना दिया।

उनके कोई सन्तान न थी। उन्होंने अपने मरने से पूर्व मालिक बना दिया।

साथ ही अपने दूर के रिश्ते की लड़की से मेरा विवाह भी करा दिया। गली कूँचो में मारा-मारा फिरने वाले भोला जैसे साधारण लड़के को उन्होंने श्रीधर नाम दिया। और इस फैक्ट्री का पहले से ही नाम श्रीधर फेब्रीकेशन था।

श्रीधर ने बांके की ओर देखा वह रो रहा था। बांके... हाँ मालिक ! मेरा भी जीवन एक कहानी ही है। रोचक अति रोचक मालिक तो हो गया वांके किन्तु मुझसे अधिक न कोई दुखी है न प्रसन्न, प्रसन्न इस लिए हूँ क्योंकि मुझ

पर लक्ष्मी की कृपा है। दुखी इस लिए हूँ क्योंकि मेरी पत्नी और मेरा बेटा! मुझे दुख देते हैं। फोन की घंटी बजी पापा... आप कहाँ हैं? बेटी आ रहा हूँ। बेटी का फोन था। बांके वह मुझे बहुत प्यार करती है। वह घर चला गया।

बेटी ने पूछा - "बापू कालेज के समारोह में न आप आये न ही मम्मी।

श्रीधर - "सॉरी बेटी..! कुछ ऐसे कार्यों में उलझा रहा कि न आ सका।

रात बीत गयी। दूसरे दिन फैक्ट्री में उथल-पुथल रही, कुछ नयी मशीनों को खरीदना था। ड्राफ्ट बनवाया गया। दिन भर पैसों की हाय तोबा थी।

शाम को बेटी के साथ बगीचे में बैठा था, मैंने कहा- "बेटी ! गरीबी से बड़ा शत्रु कोई नहीं होता, धन के अभाव में साया भी दूरी बना लेती है। प्रत्येक अपने मुख फेर कर चलते हैं।

मेनका - "नहीं बापू... नहीं! आप गरीब हो गये तो मैं मुख फेर लूँगी?"

श्रीधर - "मुस्कराते हुए, पगली कहीं की, " तू तो मेरी आत्मा है... आत्मा। लोग क्या जाने कि मेरा बचपन कैसे गुजरा है ?"

मेनका – "आप बहुत गरीब थे ? न बापू ?"

श्रीधर - "गरीब से अधिक अभागा कह सकती हो, मैं अनाथ था, चाचा की टुकड़ी पर पला, प्रातः जानवरों के गोबर फेंकना, खली-भूसी करना, गन्ने के खेत में जाकर ईख छील कर लाना, चर्खी चला कर गुड़ बनाना दिन भर का काम था। बाखूबी याद है वह शाम जब परात से गर्म गुड़ लेने से नाराज चाची ने इतने डण्डे मारे थे कि बता नहीं सकता। रात भर, रो रोकर जाड़े की वह रात, पड़ोसी की पुआल में बिताया था। प्रातः पौ फूटने से पूर्व ही गांव छोड़ दिया।

मेनका – "फिर कभी न गये गांव?"

श्रीधर – बीस वर्ष बाद भोला नाम का लड़का महँगी कार से पहुंचा तो

देखने वालों का तांता लग गया। जिस चाची ने मुझे तनिक से गुड़ के लिए पीटा था उन्हीं के हाथ में पाँच हजार कि गड्डी और पाँच किलो अच्छी मिठाई तथा कपड़े दिया तो सुबक कर रो पड़ी। जिस डण्डे से मुझे मारी थी उसे सम्भाल कर उन्होंने रखा था। उसी से अपना सिर पीटने लगी। मैंने शांत कराया।

*****

मेनका की शादी तय हो गयी विवाह के कोई अधिक दिन शेष न बचे थे, फैक्ट्री भी बहुत अच्छी न चल रही थी। एक तरफ से आर्थिक नाके बन्दी,। कर्मचारियों को वेतन भी देना था। सब तरह से तनाव ऊपर से घर आते ही उसे पत्नी की लक्ष्क्षेदार भाषा सुनना होता । मधुमक्खियों सा डंक मारना शुरु कर देती। आज घर पहुँचते ही बोली - यहाँ तो जैसे नानी मरी रहती हैं। शादी सामने है। खरीदारी के लिए पैसे न दोगे तो कोई दूसरा पतिदेगा।'

सब मिलेगा मीना, अभी समय है, दिन भर का थका मादा आया हूँ पहले आराम तो कर लेने दो।

भाड़ में जाओ तुम, आराम और तुम्हारी कमाई। यहाँ आया वहीं गया, यह किया वह किया किन्तु सभी बातें भर हैं। पैसा मांगोंतो मरेल सा मुख बना लेते हो, न जाने किस जनम का पाप था कि तुझ जैसा पति मिला। लड़का भीतरही भीतर व्यंग्यात्मक हँसी हँसा किन्तु बेटी को मां के द्वारा कहे प्रत्येक शब्द चोटिल करते रहे। श्रीधर ने कोई विरोध न किया करता तो निश्चित ही हंगामा होता। विरोध में बेटी ने कहा- माँ जी ! सारे शब्द वापस लो, शादी मेरी है, मुझे कुछ नहीं चाहिए.. पापा जो करेंगे वही लूँगी आपके हाथ से मैं कुछ भी न लूँगी हजार वार कह चुकी अच्छा बोलना सीखो किन्तु लट्ठमार भाषा मुझे तनिक भी पसन्द नहीं है। तभी उसकी दृष्टि बापू पर पड़ी जो सिसक रहे थे। बेटी की वाणी से अधिक भावुक हो उठे थे। वे वहाँ से बाहर लान में जा बैठे।

पापा, चाय लो, बेटी के मधुर स्वर ने पिता के हदय को सान्त्वना प्रदान किया। वैराग्य के द्वार पर स्नेह का दीप टिमटिमा उठा, पिता ने पुत्री के कातर मुख को निहारते हुए कहा- 'बेटी ! जीवन एक परीक्षा है और हम परीक्षार्थी। समय कठिन प्रश्न है। जिन्हें हल करने के उपाय हमारे अनुभव हैं। प्रश्न पत्र पाने से पूर्व जो छात्र निराश हो जाय.. उसकी नियति तुमसे छिपी नहीं है। मनोबल उत्तम रखने वाला प्रत्येक छात्र अव्वल आता है। इतना कहते पिता के नेत्र भर आये और बाप के गले से लग बेटी रोने लगी। कोमल विशाल किसलय को धारदार हथियार से काटने जैसी स्थिति थी। पिता ने धैर्य देते कहा - "काश तू बेटा होती...? बेटी - " ऐसा क्यों सोचते हैं पापा ! बेटी और बेटे में क्या फर्क है? आप मेरे साथ रहेंगे ?

धूमधाम से बेटी का विवाह हुआ। दामाद नगर के प्रतिष्ठित वकील थे। बेटी को जोड़े में देख पिता गद्गद था। उसने विदाई के समय बेटी से कहा- बेटी, विवाह के पश्चात् बेटी परायी समझी जाती है किन्तु तुम परायी नहीं हो। उन्होंने दामाद से कहा- आज तुम मेरी बेटी नहीं मेरा प्राण लिए जा रहे हो। वातावरण कारुणिक हो गया था। बेटी बापू को पकड़कर खूब रोयी। रोते हुए आखें सूज आयी थी।

बेटी कि विदाई क्या हुई जैसे श्रीधर के घर की रौनक ही चली गयी। वे कहीं से भी आते तो, चहक कर बेटी उसके हाथ में पानी की गिलास देते। पूँछती पापा चाय नाश्ता लगाऊँ। आज उसी का घर जैसे वेगाना काटने सा लग रहा था। उसके कानों में वही शब्द गुंजित हो रहे थे... पापा नाश्ता लगाऊँ... कौन लगायेगा नाश्ता, कौन पिलायेगा चाय...? नौकर चाकर तो मीना एक दिन में भगा देती है। वह अपने कमरे में बैठा था, बिल्कुल अकेला। बेटी के बिछोह में न कुछ पीने की इच्छा थी न खाने की। कई घंटों के इन्तजार पर न कुछ आया ही। न किसी ने कुछ कहा। पत्नी जली भुनी थी। बेटा बाप की

सूरत से नफरत रखता था। वह उठा और सीधे होटल से भोजन बधवा लाया। प्रातः जल्दी फैक्ट्री चला गया। बेटी का फोन आया तो उसने कहा सभी मेरा ध्यान रखते हैं। यह क्रम महीनों के करीब तक चलता रहा। बेटे को पैसों की आवश्यकता हुई उसने माँ से कहा तो माँ ने मुझसे माँगा। मैंने साफ कह दिया कि जब कोई मेरे लिए नहीं है तो मैं भी उनके लिए मर चुका। पैसों के पेड़ नहीं हैं। अपने लाड़ले से कहो नौकरी कर लें। पैसा दे देकर तुमने उसे बर्बाद कर दिया है। उसके बुरे – व्यसनों के चर्चे हैं। कहीं मुँह दिखाने लायक कहाँ छोड़ा है। उसकी सुख – सुविधा, पढ़ाई – लिखाई हेतु क्या नहीं किया उसके आवारा साथी इसी के पैसों से गुलछर्रे उड़ा रहे हैं। अब मैं और बेवकूफ नहीं बन सकता पति की प्रत्येक बातें मीना को सही समझ आ रही थी। वह सोचने लगी। पैसा देदेकर मैंने ही बेटे को विगाड़ दिया। अब तो कभी-कभी शराब पीकर भी आने लगा है। मुझे भी बुरा भला कहने लगा है। गहन चिन्ता में लीन थी कि तभी आशीष आ गया। घर में प्रविष्ठ होते ही बोला माँ, कहाँ हो मेरे पास आओ। वह जैसे ही गयी तो बोला- माँ मुझे पाँच हजार रुपये की सख्त आवश्यकता है।"

माँ – "क्या होगे ?"

आशीष – "अरे ! आज तुझे क्या हो गया है यह पहली बार पूँछ रही है कि क्या होंगे ?

माँ -" भूला समय से वापस आ जाय तो भूला नहीं कहा जाता। अब मैं वह कर रही हूँ, जो पहले ही करना था। आशीष बेहतर होगा कि, बाप के पैसे से जो मौज-मस्ती कर रहा है उसे बन्द कर कहीं कुछ करने लगे। वरना पाई-पाई को तरस जाओगे ?

बेटा- "अवश्य उन्होंने तुझे भरा है। (तैस में) ऐसे बाप से तो विन बाप ही ठीक है।"

माँ – “चटाक...। गाल पर तमाचा मारते माँ ने कहा-" देवता समान पति के प्रति मैं एक भी शब्द न सुन सकूँगी।

बेटा – “ठीक है, (आवेश में) न रहेगा बाँस ही तो बजेगी बांसुरी फिर कैसे... इतना कह जाने लगा तो माँ ने चीख कर कहा- "इसका मतलव ?"

समय बतायेगा, आशीष वहाँ से चला गया।

दूसरी रात लड़खड़ाते कदम गृह में प्रविष्ट हुआ। कुछ अधिक ही पी रखा था। तभी श्रीधर ने कहा- "अरे! शराब पीकर आये हो।"

हाँ श्रीधर, हाँ अब तो ऐसे ही आऊँगा।"

मीना भी वहाँ आयी। उसने कहा- "संस्कार हीन निकल जा यहाँ से.....ये शरीफ आदमी का घर है। उसे धक्के मारते कहा- जा जहाँ बनवाये हो, तभी आशीष मीना का गला दबाने दौडा किन्तु श्रीधर ने धक्का दे गिरा दिया, और पैर को घसीटते द्वार से बाहर कर दिया।

दरवाजे को ठोंकते वह बोला- "आज से तुम दोनों की उल्टी गिनती शुरू।"

अगले दिन फैक्ट्री पहुँच श्रीधर ने बाँके से सबकुछ बताते हुए कहा- आज से तुम्हें घर पर चौकीदारी करना होगा।

बांके ने कहा- -"निश्चिन्त रहें स्वामी किसी माई के लाल में ताकत कहाँ कि आप पर आँख उठा के चला जाये। वांके हट्टा कट्टा छः फुट का जवान था। दो-तीन उसका कुछ न विगाड़ सकते थे।

बाँके द्वार पर चौकसी में था। बदमाश खिड़की तोड़कर घर में घुसे तो मीना ने चीखते हुए बाहर का द्वार खोल दिया। बाँके दौड़कर उस बदमाश को जो श्रीधर पर जान लेवा हमला करने बढ़ा था उसे बाहर दो तल से नीचे फेंक दिया। इसरे बदमाश ने बांके पर गोली चला दी। वह घायल होते हुए भी दबोच

कर हाथ पाँव बाँध दिया तीसरा भागने में सफल रहा। पकड़ा गया बदमाश उसी का बेटा आशीष था। जिसे अगले दिन पुलिस कारागार ले गयी। बाँके की स्थिति खतरे से बाहर थी। हफ्ते बाद अस्पताल से आया तो श्रीधर ने बाँके से कहा- 'बेटा...! नहा धोकर तैयार हो जाओ कोर्ट चलना है। वाँकै आश्चर्य से मालिक का मुँह ताक रहा था। तभी श्रीधर ने कहा- "आज से तू चौकीदार नहीं बल्कि मेरा बेटा है, मेंरे सम्पूर्ण चल अचल संपति का वारिश, मुझे भी यह थाती इसी भाँति मिली थी। जिसे तुम्हें सौंप रहा हूँ। बांके की आँखें नम थी। वह माँ -बाप के चरणों में लेट गया।

अनोखा रिश्ता

हम दोनों एक दूसरे को भली भाँति जानते हैं, जानते भी क्यों न ठहरे जो एक दूसरे के मित्र, मित्रता तो किसी से भी हो सकती है, प्रथम दृष्टया जब दोनों एक दूसरे को देखे तो देखते ही रह गये, जैसे जन्म-जन्मान्तर का साथ हो, भावात्मक उद्वेग से स्पष्ट था कि दोनों कालान्तर पश्चात सम्मुख हुए हों हमारा मिलन भी कोई सहज न था।

पूस मास की चिलचिलाती ठण्ड थी, सप्ताह भर से भगवान भास्कर अदृश्य थे, कोहरे ने जैसे पृथ्वी पर साम्राज्य स्थापित कर लिया हो, सुदूर तक सन्नाटा पसरा था, यमराज की तरह उपस्थित शीत लहर में शाम ढले भला कौन टहल सकता है? प्रेमी, कवि, चिन्तक, सन्यासी या पागल, ये तीनों सृष्टि के विलक्षण प्राणी हैं, इनमें सनक उठी तो कुछ नहीं देखते, मैं अभी-अभी गाँव से मछलीशहर आया था, पाँच कमरों का सामान्य सुसज्जित मकान और सम्मुख लान था किन्तु रहने वाला एकाकी मैं। दिन भर की थकान और शीत के प्रकोप से बचने हेतु लिहाफ में घुसा तो शरीर गर्म हुई, कई दिनों से मन - मस्तिष्क पर एक कहानी का प्लाट उमड़ रहा था, सपाट कागज पर मूक अन्तः कल्पनाओं के चित्र अंकित होते जा रहे थे कि तभी रसोई घर में खट्ट - पट्ट – टन्न हुन्न की तीव्र ध्वनि से साधना भंग हुई और सोचने लगा कहीं भूकम्प तो नहीं आ गया। कल्पना ने मार्ग बदला बीच में कहानी रोक लिहाफ से बाहर आया, नस - नस में कपकपाहट हो रही थी ठीक उसी समय बिजली भी चली आयी। उसका क्या ? आयी तो सौभाग्य, नहीं तो दिनों दिन नहीं। टार्च के प्रकाश से रसोई घर का निरीक्षण किया कहीं लोटा गिरा था हो कहीं

गिलास यहाँ तक पांच लीटर का भगोना और कढ़ाई भी फर्स पर औंधे मुँह पड़ी थी।

कोई हलचल नहीं, शान्त एवं स्निग्धवातावरण। आखिर क्या है? गंभीर निरीक्षण के पश्चात भी कुछ पता न चला। यदि भूकंप आया होगा तो कल के समाचार पत्रों से ज्ञात होगा। पुनः शयन कक्ष में गया, मेज पर बिखरे लिखे अधलिखे कागज, भग्न कथा के अवशेष और विचारों के अविकसित तन्तु।

लेखन का प्रवाह खण्डित होने से पुनः जोड़ना कठिन होता है। लिखने तो बैठा और कड़ी से कड़ी जोड़ने का उपक्रम चल ही रहा था कि तभी कुछ डिब्बों के गिरने की आवाज आयी। अरे! कुछ तो था नहीं फिर !! कहीं भूतों-प्रेतों की कुदृष्टि तो नहीं। बचपन में इस प्रकार की विविध, कथाएं सुनने को मिली थीं। यदि प्रेतों की छाया किसी के घर पर पड़े तो आश्चर्यजनक नमूने देखने को मिलते हैं। कहानी लिखने को कौन कहे मैं स्वयं ही एक कहानी बन चुका था। हदय की गति भी कुछ तीव्र होने लगी, तो क्या मैं डर रहा हूँ। नहीं... नहीं भूत-प्रेत ... मिथ्या और कपोलकल्पित हैं।

रात्रि के करीब एक बजे होंगे। पास पड़ोस के लोग भी सनामन्न सोये थे। क्या किसी को जगाना उचित होगा, भय पुरुषार्थ का क्षरण कर रहा था। कायरता से श्रेष्ठ तों वीरगति पाना है। मैं भयभीत नहीं... मैं भूत-प्रेत को कुछ नहीं समझता, मुझे कोई भय नहीं। अब बिस्तर के भीतर पुनः आ गया था। आँखों में नींद कहाँ, विविध वृत्त मानस पर उमड़ रहे थे, विचारों के हिंडोले में झूल ही रहा था कि कब एकाएक रसोई घर में हादसा हुआ। इस बार टिन का बड़ा डिब्बा गिर गया था। पलक झपकते रसोई में प्रविष्ट हुआ। मेरी दृष्टि उस चमकीली नन्हीं आँख पर पड़ी... जो अपलक मुझे निहार रही थी। वाह! तो तुम हो ? तुम तक तो मेरा दिमाग ही न पहुँचा था। वह मुझे निडरता पूर्वक देख रहा था। शायद कह रहा है कि मित्र यहाँ अपने को अकेला न समझो।

सू...सूस कह कर भगाया, अब वह शयन कक्ष में आ गया।

प्रातः उठा और व्यायाम करने लगा तभी कुछ मिलने वाले आ गये। उनसे मिला उन्हें विदा करके भोजन बनाने रसोई कक्ष में गया। तभी सब्जी की टोकरी पर दृष्टि पड़ी तो मानों रक्त ही सूख गया है।। यद्यपि पच्चास रूपये में आधा किलो मटर की फली और बीस रुपये में एक किलो आलू कल शाम ही तो लाया था। बनाया भी नहीं और टोकरी खाली..? आश्चर्य हुआ कि टोकरी में फली के कुछ अवशेष अवश्य होते। किन्तु यहाँ तो एक कुशल अपराधी की भाँति कार्य कर कोई सबूत शेष न छोड़ने जैसा था । लुकने – छिपने जैसे स्थानों का निरीक्षण वारीकी से किया। यही सोच रहा था कि आधा किलो फली में कोई दो सौ नग तो रहे ही होंगे, तो उसे दो सौ चक्कर करने पड़ेंगे। एकाध फली अवश्य रास्ते मे छिटक कर पड़ी होती। बखारी के पीछे दृष्टि डाली तो देखा आधा व चौपाई खायी फलियाँ, और कुछ-कुछ खाये टमाटर पड़े थे। क्रोध से नेत्र रक्तिम हो उठे थे । दूसरे दिन भी एक घटना घटी, उसने रजाई के लिहाफ और दो बेड़ सीट को ही कुतर डाला ।

गुस्सा तो बहुत आया किन्तु करता क्या ?

दिन बीतता गया, रविवार का अवकाश और सोमवार को रक्षा बन्धन के उपलक्ष्य में विद्यालय बंद था। गाँव आ गया दो दिन बाद पुन मछली शहर गया तो वहाँ लान में बैठा जैसे मेरे आगमन की प्रतीक्षा में हो। मेरे आते ही वह छुपने के लिए घर के भीतर चला गया। मैने शीत से बचने हेतु स्वेटर पहनना चाहा, अरे...! यह तो वित्ती - वित्ती कटा है। निश्चित ही यह कृपा चूहे की ही होगी।

कक्ष में घुसा दुर्गन्ध से सांस लेना दूभर था। सोचने लगा, इसके मल मूत्र दुर्गन्ध से निजात कैसे मिले। तभी एक विधार्थी आ धमका।

आओ उमेश, आओ कहो कैसे हो ?"

जी, विल्कुल ठीक। इधर से गुजर रहा था तो सोचा मिलता चलूँ। तुमने चूहा देखा है.. ? "मेरा मतलब तुम्हारे घर भी चूहें हैं ?"

"जी" कभी-कभार दिख पड़ते हैं किन्तु क्यों..?

क्या कहूँ बेटा, घर में केवल एक चूहा है लेकिन नाक में दम कर दिया है। दो दिन गाँव क्या चला गया। अब उसके मल-मूत्र की बदबू से भीतर घुसा ही नहीं पहुँचा जाता।

उमेश - "झाड़ू देना सर, मैं साफ कर देता हूँ।"

नहीं! नहीं! "बेटा, तुम क्यों करोगे?"

उमेश - "इतना भी अधिकार नहीं..?"

"है बेटा, किन्तु अच्छा नहीं लगता। ना..ना कहने पर भी उसने घर को विधिवत साफ किया। सफाई के पश्चात् जैसे उसे तिल के लड्डू देने लगा तो वह बोला - "नहीं सर, नहीं, कल लूँगा।"

"आज क्यों नहीं?" मैंने पूछा।

"आपकी सेवा का फल मुझे न मिलेगा।" उसने कहा।

"किसने बताया..?"

जी, मेरी माँ ने, वे कहती हैं "गुरु की सेवा, माँ-बाप की सेवा से भी कठिन होती है। आप अन्यथा न समझें तो प्रतिदिन सुबह घर में झाड़ू लगाने आ जाया करें। मैंने उसमें सेवा समर्पण का भाव देखा, नहीं उमेश नहीं। यह मुझे स्वीकार नहीं है। तुम सदा सुखी रहो।

उमेश - "तो सर, चूहा मार दवा ला दूँ?, न रहेगा बांस ही तो बजेगी बाँसुरी कैसे?"

उसके मसखरे पन पर हँसी आ गयी और हँसते हुए कहा - "बेटा!

फिर चूहे और हममें क्या फर्क होगा? जब हम किसी प्राणी को बना नहीं सकते हो मिटाने का भी अधिकार नहीं। किसी को मार डालना तो आखिरी विकल्प होता है।

क्षमा गुरुदेव क्षमा, मुझसे भूल हुई, वह प्रणाम किया और चला गया।

संध्या का समय था, मैं बाहर लान में बैठा कुछ लिख रहा था तभी वह आया। उसके हाथ में चूहेदानी थी।

बेटा उमेश! यह क्या...?

आपने ही तो कहा था, अन्तिम विकल्प से पूर्व भी अनेकों विकल्प होते हैं, हमें सर्वप्रथम उसे तलाशना चाहिए। यह चूहों को पकड़ने का यन्त्र है।"

"सविस्मय उस यन्त्र को देखने लगा। लकड़ी से निर्मित साधारण डिब्बा, बेटा उमेश, कितने का है?"

उमेश - जी, पैसे से नहीं लाया हूँ। इसे मेरे दादा ने बनाया है, खास कर आपके लिए। निश्चित ही आपको चूहों से छुटकारा मिल जाएगा।

दूसरी रात डिब्बे में रोटी खूंटी से टांग कर खुला रख दिया और विस्तर पर बैठा- चूहे की कला का निरीक्षण करता रहा। रात के करीब बारह बजे होंगे आँखों में झपकी आ चुकी थी। चूहेदानी की हलचल और खटखट की ध्वनि से मेरी अर्द्ध निद्रा भंग हुई। टार्च के प्रकाश में देखा - "डिब्बे के भीतर से वही मोटा चूहा निकलने हेतु तड़प रहा था। कुछ अन्तराल में चीँ चीँ की ध्वनि भी आ जाती थी। मेरे खुशी का पाराबार न था, उसे उसके कारनामों को दिखाने हेतु उठा - "चिलचिलाती ठण्ड में कटे स्वेटर लिहाफ चद्दर आदि उसे समीप से दिखाते हुए कहा - "अब तुम्हें अपनी करनी का फल तो भोगना ही होगा मित्र! धोखे का हश्र यही होता है।

अगली सुबह उमेश आया। प्रसन्न मुद्रा में, मैं बाहर कुर्सी पर बैठा था। उसने पूछा - "गुरुदेव! चूहा....? तुम्हारे दादा की बनायी जेल में है।"

उमेश - "पकड़ा गया ?"

हाँ, हाँ,।

"पिंजड़ा लाइए दूर छोड़ आऊँ।"

नहीं, अब वह मेरे साथ ही रहेगा। मैं अकेले रहता हूँ, उसकी सहभागिता अनिवार्य है।

उमेश मेरा मुँह देखने लगा। कुछ सोच कर बोला - "जेल में ही रहेगा।"?

हाँ, मैं उसके खाने-पीने को समुचित व्यवस्था करूँगा।

तीन दिन बाद मैंने देखा - "वह न खाता है न पीता है। मरणासन्न अवस्था देख कुछ दूर पर छोड़ आया। किन्तु वह जितने दिन साथ था अजीब सा मनोरंजन था। रातभर सपनों में भी आया। प्रातः उठा तो देखा वही चूहा पलंग के नीचे मृत पड़ा था। कहाँ और कैसे आया समझ में ही न आया। मेरे मन में उसके प्रति असीमित प्रेम उमड़ने लगा था। मैंने उसे कुछ ही दूर पर जमीन में फूल माला और अक्षत के साथ गाड़ दिया। आज भी जब कभी उनका स्मरण होता है तो आँखें सजल हो उठती हैं।

आत्मकान्ति

मैं उन दिनों अनवर अली की दो बेटियों को ट्यूशन पढ़ाता था। मेरा उद्देश्य उन्हें अच्छी शिक्षा से योग्य बनाना था किन्तु दोनों पढ़ाई से जी चुरातीं, मैंने बीस वर्षों के समग्र अनुभव उन पर उडेले जो असफल रहे। डाट-फटकार की उन पर कोई प्रतिक्रिया न होती। वे कभी एकाग्र मन से नहीं पढ़ीं।

प्रथमतः जब मुझे अनवर अली के समक्ष प्रस्तुत किया गया था तो प्रस्तोता मेरे शिक्षण-कौशल की प्रशंसा करते नहीं अधाता था, और मुझे भी अपनी शिक्षण-धर्मिता पर गर्व था, मुझे विश्वास था कि मूढ़ में भी ज्ञान-ज्योति रोपी जा सकती है। उस समय जब अनवर ने मुझसे पारिश्रमिक के लिए पूछा तो मैंने पाँच सौ बता दिया जबकि सौ-दो-सौ में पढ़ाने वाले गली-गली घूमते थे। मुझे अपने परिश्रम पर विश्वास था।

रूचि-एवं लगन के बिना न कुछ सीखा जा सकता है न कुछ किया जा सकता है। मेरे लाख रुझान उत्पन्न करने पर भी अनवर अली की दोनों बेटियाँ सहयोग नहीं कर सकीं यह उनके साथ मेरा भी दुर्भाग्य था। दोनों यह मन बना चुकी थी कि मुझे नहीं पढ़ना है। शिक्षा के प्रति उनमें जितनी अरुचि थी अनवर मियाँ उतने उत्साहित एवं जागरूक थे।

दिसम्बर का शीत-सम्पन्न महीना था, छमाही परीक्षा प्रारम्भ हुई। मुझे पूर्ण विश्वास था कि परीक्षा-फल आने के पश्चात् मेरी छुट्टी होना भी तय है। माहवारी के पाँच सौ के बाद भी दोनों फेल ! अब तक के, बीस अध्यापक के पश्चात् इक्कीसवाँ मैं था। ठण्डी में भी माथे पर पसीना था। सोचने लगा एक मात्र ट्यूशन ही जीवन-साधन है। पाँच सौ का यह ट्यूशन बीच में छूट गया तो

क्या होगा ? कैसे चलेगा घर खर्च, रातभर सोचता रहा... नींद में भी वही वृत्त मनः तल पर आच्छादित रहा। कोई न कोई उपाय करना होगा। यही सलाह मन ने दिया। परिस्थितियों से सामंजस्य करना ही नीति सम्मत और श्रेष्ठ है। कर्म करने में कंजूसी न करने से भी कार्य सिद्ध न हो तो उस पर कई दृष्टि से विचार करना चाहिए।

छमाही परीक्षा-फल घोषित हुआ। सलमा और नफीसा स्वयं को फेल समझती थीं। वे छमाही परीक्षा में कभी पास ही नहीं हुई। परीक्षा-फल देखते ही दोनों की आँखें आश्चर्य से फैल गयीं। दोनों के अच्छे अंक थे।

शाम को मैं जैसे ही पढ़ाने आया, मुझे देख सलमा और नफीसा मुस्कराने लगीं। चेहरे की मुस्कान का अर्थ था दोनों पास हो गयीं। पढ़ाई के दौरान अनवर मियाँ आ धमके। उन्हें देख मैं पढ़ाई के कार्य में और तल्लीन हो गया। तभी उन्होंने कहा-वाह! मास्टर साहब! आपने तो कमाल कर दिया। मैं आज बहुत खुश हूँ। लो आज से आपको मासिक पांच सौ की जगह आठ सौ रुपये मिलेंगे। कहते हुए चले गये, किन्तु मेरे चेहरे पर तोष के लेशमात्र भी चिन्ह नहीं थे, विषाद की काली रेखा, मेरे आत्मबल को कुरेदने लगी थी।

रात्रि को देर से घर पहुँचा तो पत्नी ने कारण पूछा, मैंने उन्हें मासिक वृद्धि की बात सुनायी तो उनकी खुशी का ठिकाना न रहा। ढेर सारी दुआएँ देने लगीं। कम से कम तीन सौ कमरे का किराया तो होगा।

रात भर करवटें बदलता रहा, पत्नी ने पूछा-कोई तकलीफ तो नहीं.., आखिर आपको नींद क्यों नहीं आ रही है? बस नींद खुल गयी थी, सो जाऊँगा। आप सोइये। वे पुनः सो गयीं और मैं बहुत देर पश्चात् सोया। सोया भी क्या कि सपने आने लगे। मेरी कलई खुल गयी है और मियाँ अब फीस का दावा अदालत में ठोक चुके हैं। कहाँ से लौटाऊँगा, कुछ बेचने को भी तो शेष

नहीं।

आज पैरवी की तारीख है। एक साथ इतने पैसे कहाँ से लौटाऊँ? कहते हैं चले थे रोज़ा रखने नमाज़ गले अटकी, भयंकर स्थिति थी। मेरे भीतर का अध्यापक मुझे कोसने लगा, तुम स्वार्थी एवं धन-लोलुप हो... क्षणिक स्वार्थ में अपने नैतिक मूल्यों को नीलाम करने लगे। कहाँ गये तुम्हारे सिद्धान्त और आदर्श? तभी मीना वहाँ आ गयी। देव! यह क्या कर दिया...? स्वर में सहज वेदना थी। मैं उस पर झल्लाया – "सबकी जिम्मेदार तुम हो!! वह आँचल में सिर छिपा सुबकने लगी। पत्नी को इस तरह सुबकता देख... आत्मग्लानि हुई। मुझे कुछ कहना उचित न था, मीना देवी है।! सहिष्णु है!! ईश्वर सबको ऐसी ही पत्नी दें। बेचारी क्या करे? सम्बन्धियों के यहाँ शादी, विवाह में एक-एक कर सारे पैतृक गहने बिक गये। दुःख एवं जिल्लत के अतिरिक्त मैंने उसे क्या दिया...? कुछ तो नहीं।

कानून का सिकंजा मेरे गले की ओर बढ़ने लगा था। न्यायाधीश ने पैसे वापस करने और तीन माह के कारागार का फरमान कर दिया। पैसा चुका पाना मेरे लिए असम्भव था, जेल गया तो कहाँ मुँह दिखाऊँगा। मीना की बहनें ताना मारेंगी। पति के कारण मायका भी छूट जायेगा। बच्चे सजा याफ्ता की संतान कहे जायेंगे। मेरा सिर शर्मसार था, तभी मीना ने हाथ जोड़ते हुए अनुनयपूर्वक कहा - "मेरे पति को जेल से बचा लो अनवर भाई! मैं आपके एक-एक पैसे चुका दूँगी। इतना कह वह सिसकने लगी। अनवर भैया को दया आ गयी। उन्होंने मामला उठा लिया। वाह अनवर भाई! मेरे मुख से निकला... तभी मीना ने मुझे जगाते हुए कहा - "सपने में क्या बक रहे हो?

कुछ तो नहीं।" मैं उठा और शौच के लिए चला गया। चाय पीते समय मीना बोली - "सुनिए! न घर में चाय-पत्ती है न चीनी, हल्दी और पिसी मिर्च भी लाना है। दाल तो दो दिन से नहीं पड़ती। मैं कुछ न बोला, बस सुनता रहा।

तभी मीना व्यंग्यात्मक लहजे में बोली - "आपको कुछ लाना न पड़े, बनकर अच्छे-अच्छे पकवान मिलते भी रहें । मैं तो आप के कार्य-व्यवहार से थक चुकी हूँ, कान खोलकर सुन लो। भतीजे की शादी है माह भर रहकर जाऊँगी। तुम्हें अच्छा लगे या बुरा।

कौन मना करता है? एक नहीं दो महीने रहो, मैं इन दिनों कुछ तनाव में हूँ आर्थिक तंगी भी है। कम खर्च में काम चलाने की कोशिश करो।

मीना- "तुम्हारा बस चले तो नमक चाटकर और फूल संूघ कर जी लो, किन्तु "मुझसे ऐसा नहीं हो सकेगा। जब देखो पैसे नहीं है पैसे नहीं है का रोना रोते रहते हो पप्पू के ट्यूशन के पैसे कहाँ गये...?

क्या जी-जी क्या सुनूँ? कहाँ गये पैसे? मीना गुर्रायी।

मेरे कांतिहीन चेहरे को पढ़ते हुए मीना रो पड़ी ये अश्रु नहीं अन्तर्वेदना के कण थे।

जो यथार्थ के शाश्वत मूल्यों को अनकहे ही प्रदर्शित करते थे।। संसार में गरीबी से बड़ा दूसरा दुख नहीं।

मीना के रोने का भाव मैं जानता था, नारी की भावुकता सहज नहीं होती, वह पुत्र या पति का अपमान नहीं सह सकती, फीस के लिए बेटे को अध्यापक की डांट-फटकार सुननी पड़े या छात्रों के मध्य हीन होना पड़े यह उसे पसंद नहीं था।

मैं भी क्या करता समय से ट्यूशन के पैसे कहाँ मिले हैं।

"मेरे मन और मस्तिष्क में अनवर अली का ट्यूशन घूम रहा था। मेरी आत्मा ने स्वयं को अपराधी मान लिया, बार-बार आत्मबल धिक्कारता तुम्हारा अध्यापकत्व मर चुका है। हमने अक्षम्य अपराध किया है, तुम निष्फल हो। पतित हो!! यह अंतःध्वनि थी।"

पहला अवसर था कि मैं बिना कुछ खाए पिए ट्यूशन पढ़ाने निकल पड़ा। खाली पेट में चूहे कूद रहे थे। सोचता जा रहा हूँ मुझे मीना को दुख पहुँचना उचित न था, बेचारी बैलों सा दिन-रात खटती है...एक मैं बस ट्यूशन, नौकरी तो कहीं मिली नहीं...शहर जाने के लिए मीना ने ही तो रोका था तभी तो भोग रही है। उसकी बहनें शादी-विवाह के अवसर पर अच्छा पहनती है और मीना के शरीर के लिबास गरीबी का वर्णन करते नहीं थकते। कहीं शहर गया होता तो सबकी तरह एक-एक पैसे के लाले न होते। पप्पू और अनवर मियाँ के ट्यूशन के अतिरिक्त मुझे दो अन्य ट्यूशन का स्मरण ही न रहा, सुबह के दोनों ट्यूशन छूटे समझो। तीन दिन से नहीं जा रहा था। मुझे क्या करना है क्या नहीं... क्या पहले करना है क्या बाद में.. मनः स्थिति अस्थिर होने से किंकर्तव्यविमूढ था। और आश्चर्य तब हुआ जब पप्पू के घर पढ़ाने शाम के स्थान पर प्रातः जा धमका... उपेक्षा एवं हंसी का पात्र बनना पड़ा।

संध्या-समय अनवर मियाँ की लड़कियों को पढ़ाते गणित के साधारण से प्रश्न ने मुझे उलझा दिया। माथे पर सिलवटें और पसीने थे। मुझे क्या हो रहा है..? मेरी स्थिति तो अस्त्र-शस्त्र हीन योद्धा सी हो गयी है। प्रश्न हल करने में व्यस्त था तभी मियाँ का विशेष नौकर मुझसे कहा "साहब! मालिक से मिल कर जाइएगा।"

तत्क्षण हृदय धड़क उठा और पसीने छूटने लगे, कहीं मेरी कलई तो नहीं खुल गयी ? हे ईश्वर ! कोई रास्ता बताओ..? चपरासियों का क्या ? उन पर भरोसा करना तैरने न आते सागर में उतरना है। दस रूपये पाये कि ढ़ोल सा बजने लगे । धन और धर्म दोनों ही गया।

"मेज पर किताबें खुली थी, मैं बार-बार पसीने पोछ रहा था तभी मेरी दृष्टि मियाँ की दोनों लड़कियों पर पड़ी जो सन्न मुझे देख रही थीं सख्त, कठिन मेहनत से पढ़ाने वाले असहाय व्यक्तित्व को, हारकर भी जीते इन्सान को..।"

तभी एक बोली - "बगैर कुछ लिखे भी अच्छे अंक मिल सकते हैं ?" मेरी हृदय-गति और तीव्र हुई, जैसे एक साथ असंख्य वर्दियों का प्रहार हुआ है। अब यहाँ से खिसकना ही ठीक होगा क्योंकि दोष से पर्दा उठ चुका है। वहाँ से जाने को सोच रहा था कि पुनः दूसरी छात्रा ने पूछा-

"सर आपने उत्तर नहीं दिया ?"

जी......जी..... आप जैसे छात्राओं के लिए कुछ असंभव नहीं। स्वर में भय और कम्पन थी। दोनों हंस पड़ी।

नौकर पुनः आया- "सर! मियाँ ने याद किया है, वे बाहर निकलने वाले हैं।"

पूरी उर्जा के साथ बोला - "कह दो तबीयत खराब है, मुख पीला और रक्त की गति जैसे क्षीण हो उठी हो, अपराध बोध की स्वीकृति मुख, रोम एवं भावलोक दोनों तक फैल चुकी थी। थकान एवं भूख से शरीर पूरी तरह टूट रहा था। नौकर वापस आया - "बेवी भीतर जाओ, मियाँ यहीं आ रहे हैं।"

सच है चोर की दाढ़ी में तिनका... ऋतु जाड़े की और मास्टर साहब पसीने से तर-बतर ऐसा लगा चक्कर खा जायेंगे। मियां आये, मुझे यहाँ तब भूल गया कि उनके आने पर उठ जाऊँ। मियाँ साधारण न थे, उनके व्यक्तित्व के समक्ष अच्छे-अच्छे खड़े हो जाते और अभिवादन करते। मनःस्थिति खराब होने से मेरा संस्कार भी मृत हो चुका था। हालाँकि मियाँ को नागवार इसलिए न लगा क्योंकि वे मेहनतकश लोगों का आदर करते थे।

मियां के चेहरे पर मुस्कान थी और मास्टर के विषाद! वाह! मास्टर साहब मियाँ ने तो तारीफ में कहा किन्तु मास्टर को उल्टा बोध हुआ कि मेरी करतूत का उन्हें बोध हो गया। उनकी धिग्घी बध गयी। 'जी', 'जी' करते रहे और चेहरा पसीना-पसीना।

"आखिर बात क्या है, मास्टर जी...?" मियाँ ने पूछा।

"जी... मैं आप का गुनहगार... अपराधी हूँ... जो सजा दीजिए कम है।"

मियाँ - "आखिर बात क्या है...?"

मास्टर - "आप से कुछ छिपा नहीं।"

मियाँ - "वक्त कम है स्पष्ट कहो...?"

"आप की बेटियाँ अपने अध्ययन से नहीं उत्तीर्ण हैं, मास्टर ने कहा।

उन्हें घूस देकर पास कराये हो? मियाँ ने कड़क आवाज में पूछा।

जी...जी... मास्टर का चेहरा एकदम पीला... बोले - "मुझे सजा दीजिए... जेल करा दीजिए..."।

मियाँ - "बस मास्टर साहब! बस!! आप घर जा सकते हैं। उलट कर इस घर को न देखना यही सजा है।"

पंक्षी को जैसे पिंजरे से मुक्त कर देने से जो राहत और पिंजरे में गुजारे पल का स्मरण होता है, वैसी ही स्थिति मास्टर साहब की थी।

*****

जाड़े की ऋतु होने से रात्रि का कद बढ़ गया है और ग्रामीणाचंल में लोग शीघ्र शयन लाभ लेने लगते हैं। प्रतिदिन की भाँति भोजन बनाकर मीना पति का इंतजार कर रही थी। बच्चे खा-पीकर हो चुके थे। सुदूर तक पसरा सघन अंधेरा था। जैसे-जैसे मास्टर जी के आने का समय बीतने लगा वैसे-वैसे मीना की चिंता बढ़ने लगी, मछली शहर कस्बे से सटा गाँव था, सहसा कुत्ते भौंकने लगे मीना बाहर अलाव जलाकर बैठी राह जोह रही थी। शायद आ रहे होंगे वह उठी कुछ दूर गयी पुनः लौट आयी सोचने लगी.. पेट ही तो सब कुछ कराता है, वरना कंपा देने वाली ठंडी में घर-घर जाने की क्या आवश्यकता? ऊपर से

सुबह नाराज होकर चले गये, कहीं कुछ खाया-पिया भी न होगा। पति का स्मरण कर मीना का मन भारी हो गया। भाँति-भाँति की शंकाएँ उठना स्वाभाविक था। कि मेरे ही नाते कभी परदेश न गये । इतनी देर से तो कभी न आये अवश्य ही किसी संकट में होंगे अब गाँव सनामन्न हो चुका था, बच्चों की दूसरी नींद थी।

पुनः कुत्तों के भौंकने की आवाज आयी, इसबार मास्टर साहब थे लड़खड़ाती चाल देख मीना चीखी अजी क्या हुआ ? कुछ तो नहीं, उन्होंने अहिस्ता कहा। अरे ! घुटने से रक्त बह रहा है और कहते हो कुछ न हुआ ?" चक्कर खाकर गिर पड़ा था, क्या करूँ मीना २ कहते कहते चुप हो गये। कहो, कहो, क्या छुपा रहे हैं? आग सेंकते मास्टर साहब की आँखे सजल हो उठीं। मीना समझ गयी कि पति किसी गंभीर स्थिति से गुजर रहे हैं। इस समय कुछ पूछना उचित न समझ मीना घाव को गर्म घी से दागने लगी, भोजन लगाऊँ अहिस्ता मीना ने पूछा नहीं, इच्छा नहीं है।

आखिर आप मुझसे क्यों नाराज हैं २ सुबह भी कुछ न खाए और अब भी भूख नहीं है 'नहीं' उन्होंने उत्तर दिया ।" घर में सामान नहीं है,तो किससे कहूँ? भतीजे की शादी है कुछ नये कपड़े लेने होंगे ? मुझे दोनों में कुछ न चाहिए। मीना कहते-कहते सिसकने लगी।

मास्टर साहब उठे और बिस्तर पर लेट गये। मीना और संयमित हुई। पति के पीछे पैर की दिशा में बैठी पैर दबाने लगी। "आप थक गये होंगे दिन भर तेली के बैल से लगे रहते हैं और फिर भी एक पक्ष खाली ही रहता है। मैं अपनी और बच्चों की समस्त आवश्यकताएँ सीमित रखती हूँ। जानती हूँ कमाई है नहीं, सुबह आप नाराज होकर चले गये तब से पानी तक न पी हूँ इतना कहते रो पड़ी थीं ।

मास्टर की आत्मा ने धिक्कारा- नारी का धैर्य, संयम और उसकी

महत्वकांक्षा पुरुष से भी अधिक होती है। उसका समग्र जीवन त्याग- तितिक्षा का प्रतिरूप है । वह पुरुष के जीवन में विकास की धुरी है, जिसके मधुर संयोग से कठिन से कठिन कार्य सहज ही संभव हो जाता है, वह चाहे तो व्यक्ति को आकाश की ऊँचाई तक पहुँचा दे न चाहे तो जीवन ही नर्क कर दे । आखिर बेचारी मीना का क्या दोष ? दोष तो मेरा और मेरी किस्मत का है । जब से मेरे घर ब्याह कर आयी है, सुख के दर्शन न हुए । ससुराल की शादी सिर पर है, कपड़ों का इन्तजाम कैसे करूँ ? एक दो नये कपड़े तो चाहिए ही । बेहतर होगा मन की बात उसे बता दूँ ।

मीना-" (सिसकते हुए) आपकी खुशी में अपनी ख़ुशी देखती हूँ । मुझे न गहनों का और ना ही कपड़ों का लोभ है। अभाव में भी खुश रहकर जिया जा सकता है। नहीं जाउँगी भतीजे की शादी में.., आप से हूँ, आपके स्वाभिमान की रक्षा ही मेरा सर्वस्व है।

मास्टर साहब स्वयं को संभाल न सके और रो पड़े, आँसू पोंछते मीना बोली- "पुरुष को आँखों की आँसू उसकी जिजीविषा और आत्मबल के क्षरण के द्योतक होते हैं। शीघ्र पोंछ दीजिए नाथ ।"

देवि ! तुम्हारे त्याग और कर्मठता के समक्ष मेरा आत्म बल बौना हो रहा है। निः संदेह तुम महान हो, इतना कहते उसकी आँखों के आँसू टूट कर चू पड़े।

'आप कुछ छिपा रहे हैं? मीना बोली ।

'हाँ' मेरे अर्थ का सारा आधार चला गया। पप्पू से पैसे लेकर कलर्क को घूस देकर मियाँ की दोनों लड़कियों को पास कराया था. उसकी कलई खुल गयी और मियाँ ने छुट्टी कर दी । बीच में दूसरे ट्यूशन कहाँ मिलेगें ...? कैसे चलेगा घर खर्च ।

मीना - " घबराइए मत, मुझे आया की नौकरी मिल चुकी है में जानती

थी ऐसा होने वाला है।

मीना..! चिल्लाते हुए मास्टर ने कहा- मेरे जीते जी तुम आया की नौकरी करोगी?' सुनिए! काम कोई छोटा-बड़ा नहीं होता, हमारी सोच उसे छोटा – बड़ा बनाती है। चोरी या नियतखोरी से मेहनत करके कमाना अच्छा है।" मीना ने कहा।

पति का हाथ पकड़, मीना बोली – 'चलिए भोजन कीजिए, हाथ – पाँव रहते भोजन के लिए कोई न मरा है, न मरेगा। जैसे –तैसे दोनों भोजन कर सो गये।

धीरे – धीरे तीन दिन बीते मीना जल्दी उठी चौका बर्तन कर तैयार हो गयी। मास्टर साहब कुछ देर से उठे थे, उन्होंने पूछा मीना तुम पढ़ी –लिखी हो तुम्हें तो लड़कियों के किसी स्कूल में भी आसानी से काम मिल सकता है।

मीना बोली – "पढ़ी – लिखी होती तो मेरे पास डिग्रियां होती, आश्चर्य पूर्वक मास्टर साहब ने पूछा – 'जो थी ? मीना कूड़ेदान से कागज के छोटे – छोटे टुकड़े हाथ में लिए आयी और बोली – "ये हैं, डिग्री नहीं मार्ग की बाधाएं थीं। जो मैंने अक्ल से नहीं नकल से अर्जित की थी। उन्हीं के कारण आज तक कोई काम न कर सकी। मुस्काते मीना ने कहा – अब मैं आया बन सकती हूँ न ......?

'हाँ' मास्टर का सिर शर्मसार था। तभी द्वार पर एक कार रुकी, कार में मियाँ और उनकी दोनों बेटियाँ थीं। मास्टर साहब घर के भीतर आये और मीना उनके समक्ष हाथ – जोड़ बोली – मैं उनकी तरफ से क्षमा मांगती हूँ। वे इतना शर्मिन्दा हैं कि आपके समक्ष नहीं पड़ सकते।

मैं उनसे मिलकर ही जाऊँगा। कहिए मैं बुला रहा हूँ। मियाँ ने कहा जैसे – तैसे मास्टर साहब बाहर आये.......बढ़ी दाढ़ी चेहरा निस्तेज था।

मियाँ ने कहा – "ये लड़कियाँ क्षमा माँगने आयी है मास्टर साहब !

हाथ जोड़ लड़कियों ने कहा – "मुझे क्षमा कर दो मास्टर साहब।

मास्टर के पैर के नीचे की धरती खिसकने लगी......विस्फारित नेत्रों से कभी मियाँ तो कभी बच्चियों को देखने लगे।

किस विस्मय में खो गये जनाब ! मियाँ ने कहा।

मेरा दिमाग काम नहीं कर रहा है। मुझसे पाप हुआ है मेरी आत्म कान्ति क्षीण हो चुकी है..(दोनों हाथ सिर पर लगाकर) मैं पागल हो जाऊँगा।"

मियां – "नहीं मास्टर साहब ! नहीं !!....आप तो दोषी ही नहीं हैं, दोषी तो ,मेरी बेटियाँ हैं जो अपने जिद पर थीं कि मैं पढ़ूँगी ही नहीं......आपने अपने पढ़ाने के जादू से इन्हें विवश कर दिया, अब ये पढ़ेगी। इनके वर्तमान ने भीतर के कल का गला घोट दिया है। अब ये शिक्षित होना चाहती हैं।

मास्टर - "किन्तु ! मैंने तो अपने भीतर के अध्यापक को मार दिया है।

प्लीज ! उन्हें अपने ज्ञान रूपी अमर फल से जीवित कर लीजिए मेरे लिए इतना नहीं कर सकते ? कह दोनों बच्चियों ने पाँव पकड़ लिया।

मियाँ "एक बार हाँ कह दो मास्टर साहब.......मैं आपको खुश कर दूँगा।

क्षण भर कारुणिक वातावरण था। मास्टर ने मीना की आँखों में झाँक देखा जो उल्लास पूर्ण थी। मास्टर साहब पुनः तैयार हो गये।

समय गुजरता गया, कार्य के प्रति लगन हो तो अलभ्य वस्तुएँ भी प्राप्त की जा सकती हैं; जिसका ज्वलन्त उदाहरण अनवर मियाँ की दोनों बेटियाँ हैं जो लगातार फेल होती थीं किन्तु उनमें से एक डाक्टर तो दूसरी वकील, तीसरी इंजीनियर है। मास्टर साहब भी साधारण नहीं रहे; जिसके शिष्य एवं शिष्या ओहदे पर हों वे गरीब कैसे रह सकता है।

दूधिया

बैजू की शादी के बीस वर्ष गुजरे होंगे लेकिन संतान सुख न मिला। पत्नी राधा देवी जिसे बैजू रधिया बुलाता है वह सदैव पुत्र के लिए क्षुब्ध रहती। फक्कडाना स्वभाव का बैजू उसे समझाते हुए कहता - अरी पगली ! काहे की चिंता, भाई के पुत्र तो हैं। वह पत्नी को महज समझाने हेतु कहता किन्तु दुःख तो उसको भी था। बैजू के दो बड़े भाई मुंबई में नौकरी करते थे। वैजू को बचपन से ही गांव और अपने खेतों से लगाव था। किशोरावस्था तक तो पहलवानी में ही पिला रहा। लेकिन पिता के वृद्ध होते ही घरबार की जिम्मेदारी उसके कंधों पर आ गई। पुस्त दर पुस्त पुस्तैनी से चल रहे दूध के व्यवसाय को और बढ़ाया। भैंसों और गायों के बढ़ाने से आमदनी भी बढ़ी। लागत से अधिक कमाने की लालच जागी। अब पतले दूध को गाढ़ा करने हेतु आरारोट मिलाता, दूध खराब न हो इससे युरिया डालता, दूध के सस्ते पाउडर को घोल कर बेच देता। इस प्रकार उसने धन कमाया। वह जब कभी अकेले होता तो सोचने लगता बैजू तू लोगों को जो दूध पिला रहा है मीठा जहर है जो अपराध की श्रेणी में आता है। आखिर इतना बड़ा धोखा किसके लिए करता है ? कौन भोगेगा तेरे धन को ? नहीं नहीं अब आगे से यह अपराध कदापि न करूँगा।

सच कहा गया है जिसको जो लत पड़ जाये वह जल्दी नहीं जाती रात

जो सोचा वह प्रातः भुला कर पुराने ही गोरख धंधे में मसगूल रहा। कारण उसके मन की प्रवृत्ति थी। मन ने उकसाया कि बेटा कमाने के दिन हैं, कमा ले फिर धन के अभाव में पूछेगा कौन ? पैसा है तो अनेक बेटे खड़े हो सकते हैं नौकर – चाकर मिलेंगे वरना पड़ा खाँसता रहेगा, कोई पूँछने वाला न होगा। मेडई काका के पुत्र तो हैं, बेचारे खुद ही खली भूसी करते और बैलों सा पिले रहते हैं और बेटा ! पड़ा....मेहरिया की टिकुली ही देखने में मस्त रहता है। दिन भर पेट का पानी नहीं हिलता। जबकि मेडई काका दूध में न युरिया मिलाते हैं न ही पानी या अन्य कोई पदार्थ। फिर भी परेशान हैं। बता रहे थे बहू तो ठीक है लेकिन बेटा ही उसको भी बिगाड़ देगा। बेटे पर सख्त मिज़ाज दिखा दें तो सांप सा फुफकार उठता है। ऐसे पुत्र से तो मैं ही ठीक हूँ।

दिन व्यतीत होता रहा। मौसम का चक्र बदला वर्षाऋतु आयी आमों पर सावनी झूले पड़े। हृदय-स्पर्शी सावनी गीत वैजू को प्रिय थी। प्रत्येक वर्ष सन की मोटी रस्सी से झूला नीम के पेड़ पर। सावन के प्रथम दिन ही डाल देता। ग्राम वासी, युवतियाँ, बहुएँ प्रत्येक शाम पेंग झूलती और कजली गीत गातीं। पान के बीड़े के बीड़े लगते वहाँ उपस्थित लोगो, सुन्दरियों को परोसे जाते। सनई-सन्ठों से सजे द्वार पर संठे की चकवेनिया बना खेलते छोटे बच्चों को देख बैजू की पत्नी सोचती। मेरे भी बच्चा होता तो ऐसे ही खेलता।

बैजू के लिए इस वर्ष का सावन दुखः दायी था। एक के बाद एक संकट सोपान के क्रम में उतरने लगे। यही कारण था कि यह पहला अवसर था कि नीम का पेड़ गुलजार से वंचित था। झूला न पड़ने से छोटे बच्चे पूँछ बैठते चाचा-चाचा, झूला न पडेगा वह नहीं में उत्तर देता उसके गाँव में न हल, बैल, खेत खलिहान का झगड़ा था न ही अदालती मुकदमें थे, वहीं एक छोटे बच्चे की शरारत पर उसकी पत्नी रधिया ने चाटा क्या मारा कि बात बढ़ गई। जैसे-जैसे रोता हुआ वह माँ के पास पहुँचा। कुपित अहंकारी माँ ने रधिया से पूछा-

आपने मेरे बेटे को क्यों मारा....?

रधिया – "उसकी गलती पर, फिर दुश्मनी वश नहीं मारा है।"

पड़ोसिन शीला – "बच्चों का स्वभाव ही गलती करना है, फिर मुझसे बोली होती।"

रधिया – "नाराज न हो शीला बहन, तुम्हारे बेटे को गैर समझ कर नहीं मारा है।"

शीला - कह देती हूँ अपना समझ कर भी मत मारना, बड़े दर्द का बेटा है। अपना होता तो जानती।

उसी समय बैजू भी वहाँ पहुँच गया। रधिया के हृदय में तीर लगी और सिसकती हुई घर में चली गई। बैजू बोला - "तू मुझे ताना देती है, जा चली जा लेकिन स्मरण रहे, बेटे को रोक कर रखना, मेरे द्वार पर आया तो ठीक न होगा। कहा सुनी और बढ़ी शीला का पति भी वहाँ आ गया। जो पत्नी को समझा-बुझा कर ले गया।

रधिया कुशल गृहिणी और पति-परायण सहृदय थी। संतान का अभाव उतना दुःख नहीं पहुँचाया था जितना कि शीला के ताने से आहत हुई। नारी हृदय टूटता चला गया, और उसी समय से वह प्रायः बीमार रहने लगी।

बैजू पर अभी एक पहाड़ गया नहीं कि दूसरा टूट पड़ा, एक ही रात उसकी अत्यन्त प्रिय दो भैंसे क्षण भर की बीमारी में चली गयी। वह उन्हें प्यार से एक को समुद्री तो दूसरे को लाड़ो कहता। समुद्री का मरना उसके जीवन में अपूर्व – क्षति का कारण बना। सोते-जागते दोनों भैंसे नेत्र से ओझल ही न होती। आत्म पीड़ा मानव के आत्म बल का शनैः शनैः क्षरण कर देती है। हंसमुख फक्कड़ स्वभाव का बैजू अचानक बदल गया। न किसी से अधिक बोलता न हँसता। पत्नी की बीमारी को लेकर अधिक चिंतित रहने लगा।

प्रातः कालीन सूर्य की लाल-लाल किरणों से धरती पर अतीव सौंदर्य बिखरने लगा था। सदैव क्रियाशील बैजू अब भी बिस्तर ना छोड़ा था। रधिया ने देखा - अरे! भोर में उठने वाले पतिदेव अलसाये पडे हैं। तबीयत ठीक नहीं है क्या दूध निकालने के लिए जानवर बोल रहे हैं।

क्या निकालूँ? निकालनेवाले तो रहे नहीं। मुझे समुद्री और लाडो की बहुत याद आ रही है, इतना कहकर बच्चों सा सिसकने लगा। मेरे संतान न थी लेकिन उसका कभी दुःख न था।

रधिया- "हिम्मत से काम लो नाथ, पुरुष यदि मन से कमजोर हो गया तो समझो मर गया। समय और परिस्थितियाँ मानव के घाव भरती भी हैं और देती भी है। जैसे गाड़ी चालक गाड़ी में तभी ब्रेक लगाता है जब राह में कोई अवरोधक पड़ता है। वैसे ही समय अवरोधक न बने तो मानव आकाश में सीढ़ियाँ लगाने लगे। अर्थात एक दूसरे को जीने न दे।

बैजू - "वाह! रधिया, तुझे तो बहुत ज्ञान है।

रधिया - "पारिवारिक मकड़ जाल ने सब कुछ निगल लिया।"

बैजू - "मैं तो बड़ा भाग्यशाली हूँ।"

राधिका - "किस बात पर...?"

बैजू - "पत्नी रूप में पाकर ।"

रधिया की आँखे सजल हो उठी और वाणी अवरुध्द जैसे कुछ स्मरण हो उठा हो। अच्छा मैं चलती हूँ। आकंठ बोली।"

बैजू - "नहीं; तुझे मेरी कसम - संतान के विषय में न सोचा करो। तुम्हें एतराज न होतो किसी बच्चे को गोद ले लूँ।

रधिया - "जाने दो, न जाने किस खून का हो, सुख की जगह दुख देने लगे।

*****

जाड़े की सुहानी संध्या थी, पक्षियों के दल, अपने आवास की ओर उन्मुख, चले जा रहे थे। बच्चों से मिलने की ललक थी। गाँव के दक्षिणी छोर पर नहर बहती थी, जिसकी पुलिया के पीठ पर बैठा बैजू प्रकृति की सुषमा, धरती की हरियाली, आकाश में पंछियों के उड़ने को देख रहा था। सहसा उसकी दृष्टि एक निष्काम पुरुष पर पड़ी। मुख पर अलौकिक तेज, कंधे पर पीत, संत वेश में था। हालाँकि मुझे संत-महात्माओं और फकीरों से चिढ़ थी। पुत्र की इच्छा में वह पानी की भाँति धन बहाया, यही कारण था जो उसकी आस्था पर ठेस लगी थी। उसे विश्वास था समस्त कर्ता-धर्ता ईश्वर है। विविध वेशों में घूमने वाले लोग परेशान लोगों की भावनाओं को छल कर अर्थ-शोषण करते हैं। मिथ्या भटकावदार बातें बताता और भ्रमित करता है।

ऐसा महात्मा तो उसने कभी न देखा था। सहसा मुख से निकला- "प्रभो! जाड़े की रात ऊपर से पछुआ पवन चल रही है, कुछ समय पश्चात् शीत से आपको कष्ट न पहुँचे, इसलिए मेरे आवास की शोभा बढ़ाएँगे तो मैं और मेरी पत्नी धन्य होंगे।"

वत्स! संत और नदी की धारा को रोकना विनाशकारी होता है। ये जब जहाँ रुकते हैं तो स्वेच्छा से, फिर तुम्हारे यहाँ की पाप की कमाई को पचा न सकूँगा।

वैजू बोला - "महत्मन्! वह कैसे...?"

"तुम दूध में मिलावट करते हो।"

वह झेंपते हुए संत के पाँव की ओर बढ़ा।

महात्मा - "दूर रहो.......! संत, राजा और चोर से दूर ही रहना चाहिए। तुम कई जन्म तक नि:संतान रहोगे।"

“ऐसा क्या अपराध है देव ....बैजू ने पूछा ?”

सुनो, पिछले जन्म में भी तू मिलावटी घी- दूध बेचता था । तुम्हारे मिलावटी दूध पीने से किसान के कई लड़के बीमार हुए और इलाज के अभाव में मरगये। एक किसान ने तुझे मिलावट के लिए रोका तो तू उसे बुरी तरह पीटा। उसी का श्राप है कि पुत्र का मुख न देखा। इस जन्म में भी तू विविध रसायनों के प्रयोग का दूध बेंच कर धन जुटाया तो तुम्हारी भैंसे मर गयी। तू अगले जन्म में निर्धन होगा, निर्धन ..।

बैजू - "आपने मेरी बन्द आँखें खोल दी महाराज! क्या मैं प्रायश्चित कर सकता है १

महात्मा "प्रायश्चित से तत्काल लाभ नहीं होता।"

बैजू - "देर से ही सही महत्मन् क्या संतान सुख मिल सकता है?"

महात्मा -"पत्नी के साथ वर्ष भर सोमवार व्रत रहो, सावन माह में प्रतिदिन भगवान शिव को दुग्ध से स्नान कराओ और सौ बेल पत्र चढ़ाओ, वर्षभर ग्यारह बच्चों को शुद्ध और निःशुल्क दूध पिलायो । निश्चित ही संतान सुख प्राप्त होगा।"

वत्स सुनों लोग सोचते हैं दूध में मिलावट करता हूँ या किसी से घूस लेता देता हूँ, तो कोई नहीं देखता, यह उनकी अज्ञानता है। ईश्वर सब कुछ देखता और दण्ड देता है। पहले तू अपना घर देख, किसी चोर या घूसखोर का घर देख तो खुद ज्ञान हो जायेगा। पाप की कमाई बहुत दिन नहीं रहती, तभी तो किसी न किसी राजा महाराजा का न परिवार है ना वंश है, इतना कह वे जाने लगे तो बैजू ने जेब से सौ रुपये देते कहा - "इसे रख लो भगवान्।

किसी संत को धन की क्या उपयोगिता.. ? उसका शरीर भी तो उसका नहीं है। तुम इस रुपये को गरीबों में बाँट देना उन्हें इसकी आवश्यकता है।

बैजू - किन्तु महत्मन कुछ पूँछने की धृष्टता... ।

संत - "हाँ... हॉ, पूँछो, क्या पूँछना चाहते हो ?

बैजू - आज संतो के पास अनेक आश्रम और अपार धन है।

बेटा ! संत का चोला ओढ़ः अतृप्त आत्मायें हैं उन्हें संत कहना अपमान होगा।

'सन्त' वही है जिसने इच्छा, लोभ और मोह का अन्त कर दिया हो। इतना कह वे चले गये ।

बैजू खड़ा निहारता और सोचता रहा। यह संसार तपस्वियों, ज्ञानियों तथा महापुरुषों से रिक्त नहीं है।

घर जाकर उसने पत्नी को सम्पूर्ण कथा सुना दी। दोनों ने वर्ष भर वैसा ही किया। उसे पुत्र रत्न की प्राप्ति हुई। बैजू ने पुत्र का नाम 'प्रसाद' रखा। महात्मा का प्रसाद । दूध का व्यवसाय पहले से भी अच्छा चलने लगा। अंतर यही हुआ कि पहले दूध में मिलावट कर उसे दूकान–दूकान बेचता, वहीं आज शुद्ध दूध सस्ता और अधिक बिकने लगा है। ग्राहक पंक्ति बद्ध खड़े होते हैं। पहले से कई गुणा अधिक कमाई है। आज भी गरीब, बच्चों, औरतों को पीने के लिए दूध निः शुल्क देता है। आज उसके पास धन दौलत गाड़ी, और नौकर चाकर सबकुछ होते हुए भी उसमें घमण्ड तनिक नहीं है। वह पावडे विछाये महात्मा की बाट जोहता है। लोगों से कहता है कि मेरे भगवान क्या फिर कभी मिलेगें ?

बड़े भैया

बड़े भैया के स्वभाव को साधारण भले समझ लें, लेकिन उनका व्यक्तित्व अत्यन्त विराट है। श्वेत सघन मूछें, गोल मटोल चेहरा, उन्नत ललाट और धुली धोती, खद्दर का सफेद कुर्ता-गांधी टोपी उनका पोषाक है। लोग अपने लिए जीते और मरते हैं लेकिन बड़े भैया जैसे दूसरों के लिए जन्में हों। वे घर पर हों या राहमें लोग अपनी समस्याएँ सुनाते और भैया समाधान अवश्य करते। वे सदैव सत्य और न्यायके पथ पर ही चलना पसन्द करते। सरकारी या गैर सरकारी कार्य तो वगैर घूस के हल करा देते; अधिकारी और कर्मचारी उनसे भय खाते थे। अधिकारियों को बड़े प्यार से समझाते "भैया! घूस लेना पाप है, हम और आप क्या करते हैं, इसे न समझो कोई नहीं देखता। ईश्वर सब कुछ देख रहा है और व्यक्ति के अच्छे-बुरे कार्यों का लेखा-जोखा ईश्वर के द्वारा रखे गये लिपिक लिखते रहते हैं। तुम गर्व से बताते हो कि मैं मलाईदार पद पर हूँ इतनी कोठियाँ और जागीर बना ली यह कभी सोचा है? एक दिन चले जाओगे तो तुम्हारे साथ क्या जायेगा? तुम्हारे कपूत उसे बेंच कर खा जायेंगे और कभी तुम्हारा नाम तक न लेंगे। भैया के विचार से उच्चाधिकारी को प्रभावित होते और सम्मान करते देखा है। उनके सानिध्य में आने वाले लोग घूस न लेते न देते हैं।

बड़े भैया न प्रवचन कर्ता थे न ही धर्म पर्वतक। वे न्याय और सत्य के पुजारी थे। मैं उनके सानिध्य में आया तो धन्य हो गया फाल्गुन का गहीना था। मौसम में उन्माद और आनन्द स्पष्ट दिख रहा था। आज बड़े भैया उस पंचायत में बुलाये गये थे जिसे न पुलिस और कप्तान हल करा सके थे, ना ही कई

गाँव के सरपंच और प्रधान। दोनों पक्षों में भूमि को लेकर तना-तनी थी। भूमि भी कोई अधिक नहीं किन्तु तीन-तीन बार लाठियाँ चटक चुकीं थी, दोनों पक्ष के अनेकों लोग घायल हुए और कुछ जेल को काट रहे हैं।

आज महापंचायत का आयोजन था। जिसमें माधोपुर से बड़े भैया को बुलाया गया है, जो न्याय करते हैं, उनके फैसले को सुनने के लिए सुदूर से हजारों लोग इकट्ठा थे। इतनी बड़ी जमात तो नेताओं के आने पर भी न जुटती। मुझे भी पता चला तो उस महापुरुष को प्रणाम करने की नियति से चला गया।

अधिक भीड़ होने के कारण पुलिस बल भी वहाँ तैनात थी। यहाँ से माधोपुर संभवत: पच्चास किलो मीटर दूर था। समय से आधे घंटे पूर्व ही बड़े भैया आ गये। आज के नायक तो वही थे, उनकी एक झलक पाने के लिए लोग उमड़ पड़े। तभी वे मंच पर पहुँच कर, सबसे हाथ जोड़ अभिवादन करते हुए बोले – "मैं आप सबसे आधे घंटे का समय माँगता हूँ।"

वहाँ उपस्थित सरपंच प्रधान और संभ्रान्त लोगों से मंत्रणा करने के पश्चात् वे दोनों पक्ष के साथ पुनः मंच पर आये। मंच पर एक ऊँची कुर्सी थी जिस पर उन्हें बैठना था, शेष लोगों के लिये कालीन और दरी बिछी थी। उन्होंने कहा- प्रथम इस कुर्सी को यहाँ से उतार दो, मैं भी आप सब साथ ही बैठूँगा। उनकी एक-एक वाणी से जैसे अमृत बरस रहा हो, मेरा मन और अन्तसआत्म विभोर होता जा रहा था।

उन्होंने कहा- "बन्धुओं मुझे विश्वास है कि यहाँ उपस्थित चाहे ग्राम प्रधान हो या सरपंच या प्रमुख सब को वोट का चक्कर होता है तो वे नहीं चाहेंगे कि स्पष्ट फैसला हो। हमारी पुलिस मुझसे नाराज भले हो लेकिन मैं निःसंकोच कहना चाहता हूँ कि वह चाहे तो किसी भी झगड़े को चुटकी बजाते हल कर दें। लेकिन इसलिए नहीं चाहती क्योंकि उसे दोनों पक्षों को जिला कर रखना है। झगड़ा खत्म हुआ तो उन्हें कौन पूँछेगा ? दोनों पक्षों से

उसे कुछ न कुछ चाहिए। वह राम में भी रहती है और रहीम में भी।"

मंच से इतना स्पष्ट कहने पर पुलिस विभाग को गहरा झटका लगा था। क्रोध से इंस्पेक्टर की आँखें लाल थी किन्तु क्या करता।

पुनः निवेदन करते हुए बड़े भैया ने कहा- इस महा पंचायत में उपस्थित दोनों पक्ष के मुखिया मेरे पास आ जायें। जिनकी परिवार भर के लोग बात मानते हों। दोनों पक्ष के मुखिया उनके समीप आये। आदर पूर्वक बड़े भैया ने दोनों को बैठाया। क्या आप दोनों मेरी बात स्वीकार करेंगे।

एक स्वर में हाँ, किन्तु मुँह देख कर फैसला मान्य न होगा। महाबल बोला, भैया ने पूछा - "महावल नाम है ?"

"जी"

और आपका दयाराम ?

देखो मित्रों, फैसला करते समय मेरा बेटा भी क्यों न हो मैं निष्पक्ष ही कहूँगा। आपने हमें बुलाया है तो मेरा सम्मान रखना भी आपका दायित्व है। मैं पहले महाबल से इतना चाहता हूँ- मित्र! सच बताना कितनी जगह है जिस पर झगड़ा है?

महाबल – " दो ढिसमिल।''

वर्तमान मूल्य क्या होगा ?

यही कोई तीस या चालीस हज़ार ।"

झगड़े या मुकदमे में कितना पैसा एक पक्ष से व्यय हुआ होगा?

लगभग एक-एक लाख ।"

आप बैठिए । 'दयाराम जो पूछूँगा सत्य बताओगे ?

जी...बिल्कुल सत्य।

इस जमीन पर तुम्हारा कब से कब्जा है?

'कभी नहीं।'

"यह जमीन न तुम्हारे कब्जे में है और न तुम्हारे घर के सामने फिर क्यों लड़ाई हुई?

हम दोनों भाई हैं। इन्होंने मुझसे दो ढिसमिल जमीन अधिक ले ली है। क्या न्यायसंगत है?

पटवारी जी, यहाँ हैं? भैया ने पूछा।

आवादी की जमीन नाप कर बताइए किसके हिस्से में कितना है। और कौन कितना उपयोग कर रहा है। जमीन नापी गयी तो पता चला कि एक ढिसमिल जमीन दयाराम कम उपयोग कर रहा है।"

भाई दयाराम! सच्चाई समझें। महज एक ढिसमिल आप कम उपयोग कर रहे हैं। दोनों भाई एक ढिसमिल के लिए लाखों की क्षति उठा चुके। दोनों का विकास रुक गया। प्रेम व व्यवहार न होने से मानसिक उलझनें, लड़ाई, झगड़े बढ़े। जेल गये तो क्या जमीन मिली?

जी नहीं।"

मैं कुछ कहूँ?

कहिए।

एक ढिसमिल जमीन महाबल के घर के सामने है। यदि तुम उसे लेते हो तो झगड़ा बना रहेगा। तुम्हें आपत्ति न हो तो वह तुम्हें एक ढिसमिल का पैसा दे दें या फिर पीछे एक ढिसमिल जमीन ले लो।

'हमें उसका पैसा दे दें।'

बड़े भैया ने तुरंत जेब से पन्द्रह हज़ार रुपये देते कहा- कम तो नहीं है।

नहीं, किन्तु आप क्यों दे रहे हैं?

भाई! मैं उससे ले लूँगा।

महाबल भीतर गया और बीस हजार रुपये ले आया। उसने बड़े भैया को देते कहा- आप अपना पैसा ले लीजिए। ये बीस हजार उन्हें दे दीजिए, छोटा भाई है।

छोटा भाई सुनते दया राम की आँखे भर आयीं और दोनों भाई गले मिले।

बड़े भैया में एक दोष था, चाय अधिक पीना। देर रात तक चाय पर चाय चलती। जो आता तो चाय लाओ। खुद पीते औरों को मिलाते बड़े भैया के पास जमीन जायदाद अत्यधिक थी। जमींदारी के कारण पूर्वजों की बनायी हुई। कुछ बटाई पर तो कुछ खुद कराते। रामधनी चौथी और सहदेव तीनों वेतन पर थे। घर के लिए सगुनी चौका-वर्तन और शिवली चाय और भोजन। भैया के कपड़े भाभी स्वयं धोती थी। भाभी का शेष समय पूजा-पाठ में गुजरता। भाभी का मायका भी रईस खानदान में था । दीपावली और होली में इतनी मिठाइयाँ आती की लोग खाते-खाते ऊब जाते थे। बड़े भैया के तीनों नौकर खुश थे, होते क्यों न ? भैया सदैव भाई सा व्यवहार करते थे। दुख की बात तो यही कि बड़े भैया के कोई संतान नहीं थी। बात पड़ने पर वे कहते न चूकते मेरे साथ दिन-रात जो रहते हैं वही मेरी संतान है।

माधोपुर गाँव अत्यन्त खुशहाल था। अनेक जातियों की मिली-जुली बस्ती और खुशहाल लोग थे। सरकार ने सड़कें और स्कूल की व्यवस्था तथा बच्चों को दोपहर का भोजन देकर श्रेष्ठ कार्य किया था।

ईश्वर को शायद माधोपुर की खुशहाली न देखी गयी। गाँव के उत्तरी भाग में थाना खुला। माह भर हुआ किन्तु थाने में आस-पास के गाँव से न कोई

गया और न ही कोई अपराध पंजीकृत हुआ। धीरे-धीरे छः माह बीत गया। कारण था बड़े भैया का न्याय और प्रेम। बड़े भैया के न्याय और प्रेम के चर्चे पुलिस अधीक्षक और जिलाधिकारी भी सुने तो बहुत खुश हुए।

ऐसे महापुरुष के दर्शन करने की इच्छा अधिकारियों को भी रहती थी। अधीक्षक ने थाने को अन्यत्र बदलने हेतु ऊपर लिख दिया था।

पुलिस को जब कुछ ना सूझा तो उन्होंने गाँव में मुखविर छोड़े और ग्राम वासियों के मन में बड़े भैया के प्रति विद्रोह पैदा करने को कहा। सर्व प्रथम उनके यहाँ काम करने वाले लोगों को भड़काया उन्हें काम पर न जाने हेतु बिरादरी के लोगों से रोकवाया कुछ नेताओं को पुलिस संरक्षण देने लगी जो अपने को एक बड़े भैया से भी श्रेष्ठ और प्रभावशाली समझ बैठे। सरकारी नौकरी का प्रलोभन देकर, चौथी, सहदेव और रामधनी तथा शिवली, सगुनी को भी काम पर जाने से रोक दिया।

बड़े भैया और भाभी तत्लीनता से अपना काम करने लगे, वे किसी से पूँछने भी न गये कि काम पर क्यों नहीं आ रहे हो? उनका सब काम पहले से भी अच्छा होने लगा। एक दिन उनकी पत्नी मालती ने कहा - "आप औलाद सा जिसे सम्मान देते आये वे ऐसे चले गये जैसे पालतू कुत्ता अन्यत्र अधिक सुविधा पाकर चला जाता है। समझाते हुए भैया ने कहा- "अरे भाग्यवान ! धैर्य से काम लो धैर्य मित्र से भी श्रेष्ठ होता है। संयम रखों, जिस प्रकार बरसाती बुलबुलों का कोई वजूद नहीं होता वैसे ही थानेदार के झूठे आश्वासन का पर्दा उठते ही सारा नशा उतर जायेगा, तब वे स्वतः आ जायेंगे। मैं उन्हें बुलाने जाऊँ तो उनका भाव और बढ़ जायेगा।

समय बीतता गया। दो माह बाद शिवली और सगुनी बड़ी भाभी से मिलने आयी। उन्होंने देखा - भाभी बर्तन धो रही हैं। सगुनी रोते कलपते बोली मेरा अधिकार न छीनों मालकिन, मुझे क्षमा कर दो में सरकारी नौकरी के

झांसे में फँस गयी थी। मैं स्वार्थी हूँ मुझे और दूसरी सजा दे दो, पगार न दो, डण्डे से पीटो मगर काम पर रख लो। शिवली भी भाभी मालकिन के पांव पकड़ रोने लगी। भाभी ने दोनों को काम पर रख लिया दूसरे दिन सहदेव, चौथी और रामधनी भी आ गये वे सभी बड़े भैया के पाँव पकड़ गिड़गिडा मिन्नतें की तो बड़े भइया ने क्षमा करते कहा- सहदेव तुम तो विरादरी के नेता हो गये ?

नहीं भैया, ऐसा कुछ नहीं है। मैं लोगों के बहकाने और थानेदार द्वारा सरकारी नौकरी के लोभ में पड़ स्वार्थी हो गया था। हमें क्षमा कर दो भविष्य में गलती न होगी।।

अपनी - अपनी जिम्मेदारी संभालो। सहदेव की उम्र पच्चीस के आसपास होगी स्वस्थ और लम्बा वाणी में ओज । हरिजन बिरादरी उसे अपना अगुआ समझती । वह मैट्रिक पास था। बड़े भैया के साथ रहते-रहते बहुत कुछ सीख चुका था। शिवली जब उसे देखती तो मुस्करा देती, ततक्षण सहदेव के हृदय में एक अजीव सी हलचल उठती थी। मन ही मन शिवली को चाहने लगा था। उसके प्रेम का अदृश्य आमन्त्रण ऐसा प्रतीत होता जैसे संसार में प्रेम ही सुख और तृप्ति है, प्रेम ही सत्य और चिरन्तर है।

*****

पौ फूटने वाला था लेकिन आकाश में अचानक बादल उमड़े जैसे अर्द्ध रात्रि का समय हो। बड़े भैया और सहदेव दोनों सैर को निकले थे। वे घर से अभी आठ सौ मीटर ही गये थे, सड़क के किनारे झाड़ी और कटीले पौधे थे झुरमुट में सरसराहट सुन के भैया ने पूछा- कौन है, सहसा गोली चली और भैया बाल-बाल बच गये। गोली उनके कनपटी के समीप से निकल गयी। लगातार तीन गोली चली और बड़े भैया तीनों से बच गये । उछलकर सहदेव ने एक व्यक्ति को दबोच लिया। लेकिन दूसरे ने ताबड़तोड़ तीन उस पर

गोलियाँ दाग दी। तीनों गोली उसकी टाँग में लगी। प्रातः सैर करने वाले उधर से निकले। उन्होंने शोर मचाया तो बदमाश भाग खडे हुए। एक को सहदेव पकड़ रखा था। उसे बाँध कर घर लाया गया। गाँव के न्यायालय में उससे पूँछताँछ हुई तो उसने जो बताया उसे सुन लोग सन्न रह गये।

सहदेव का काफी रक्त निकल चुका था। उसे अस्पताल में भर्ती कराते बड़े भैया ने कहा- उत्तम से उत्तम इलाज करो डॉक्टर पैसों की चिन्ता मत करना । बड़े भैया की महानता पर सहदेव भावुक हो उठा था। डाक्टरों ने प्रयास तो किया किन्तु तीसरे दिन एक पांव काटना पड़ा। यह पहला अवसर था जब बड़े भैया की आँखों से आँसू गिरते देखा गया था। जैसे उन्हीं का पैर कट रहा हो। वहाँ उपस्थित लोग भी भावुक थे। सहदेव को होश आया तो उन्होंने भैया को सामने खड़ा पाया।। भईया की गीली आँख देख वह बोला- संयम रखो भैया ! आप कमजोर हो जायेंगे तो सभी कमजोर हो जायेंगे। मैं शीघ्र ठीक हो जाऊँगा। मेरा शरीर - आपके काम आये तो में स्वयं की धन्य समझूँगा ।

दूसरे दिन ग्राम प्रधान, सरपंच और प्रमुख तथा कुछ गणमान्य लोगों के साथ बड़े भैया पुलिस अधीक्षक के आवास पर गये। उन्होंने सम्पूर्ण वृतान्त अधीक्षक महोदय को सुनाया। उन्होंने कहा- आपके साथ न्याय होगा। आप जैसे इक्के-दुक्के लोग भी समाज में हो जायें तो देश पुनः एक मिशाल बन जायेगा। उन्होंने बताया कि हमला करने वाले बदमाशों में एक पकड़ा गया है।

साश्चर्य अधीक्षक ने पूछा- 'कहाँ है?'

जी उसे एक कमरे में बन्द कर रखा है।

अधीक्षक महोदय स्वयं गये। वे भैया के घर पहुँचे, थाने की पुलिस उस कमरे का ताला तोड़ रही थी जिसमें बदमाश बन्द था। अधीक्षक ने आँखों से पुलिस के दुस्साहस को देखा। कक्ष में जाकर अधीक्षक महोदय ने स्वयं बयान

लिया उसने जो कहा - "अधीक्षक के रोंगटे खड़े हो गये। तत्काल प्रभाव से थाने में एफ़आईआर रिपोर्ट दर्ज हुई। साथ ही साथ थाना प्रभारी और सम्पूर्ण थाने की पुलिस को गिरफ्तार कर विवेचना के पश्चात् जेल भेज दिया। बड़े भैया को सरकार द्वारा पुरस्कृत कराया। अधीक्षक महोदय अस्पताल में सहदेव को देखने भी गये और वीरता पुरस्कार के लिए नामित भी किया।

सहदेव विस्तर पर पड़ा अतीत से वर्तमान तक के चित्रों को क्रमशः देख रहा था। न जाने कब आँखें लग गयीं। सामने शिवली थी, उसकी आँखें नम थीं। प्रसून सी मुस्कान विखरने वाली शिवली ! तेरे ये आँसू मुझे कमजोर कर देंगे। उसके अविरल आँसू न रुके तो सहदेव बोला- 'नहीं' शिवली ! नहीं!! मैं तुम्हारे योग्य न रहा। कहाँ तुम सौन्दर्य की प्रतिमूर्ति और कहाँ मैं एक अपाहिज ! नहीं !! मैं नहीं चाहता तुम्हारा जीवन एक अपाहिज के साथ घुट-घुट कर व्यतीत हो।

शिवली - नारी में दुःख सहन करने की अद्भुत शक्ति होती है। जैसे सुख में आपके लिए समर्पित थी वैसे ही दुःख में भी। आप शीघ्र स्वस्थ हों यही ईश्वर से प्रार्थना है।

स्वप्न टूटा और आँख खुली तो वह रो पड़ा तभी बड़ी भाभी के साथ शिवली भी आ गयीं। भाभी ने कटे पैर सहदेव को देखा तो सिसकने लगी। सहदेव के मुख से निकला माँ... मैं जानता हूँ कि माँ का हृदय अत्यन्त कोमल होता है। न रोओ माँ! न रोओ !! यह प्रथम अवसर था जब बड़ी भाभी को किसी ने माँ कहा था। जिसके लिए वो तरस रही थी। बड़ी भाभी सहदेव के मस्तक को चूमते बोली- बेटा ! बेटा !!

सहदेव ने नहीं देखा कि बड़े भैया भी वहाँ आ गये हैं,उसने सिसकते हुए कहा- किन्तु .... मैं', 'माँ', कहाँ आप ब्राहमण और मैं कहाँ चमार।

बड़े भैया - "कैसी बेहूदी बात बोलते हो सहदेव । जब हमारे तुम्हारे

खून का रंग अलग नहीं तो जाति-पाँति का कैसा भेद तुम्हारी कोई जाति नहीं... तुम मेरे पुत्र हो। तुमने जिस साहस से मेरे प्राण की रक्षा की है। मेरे दर्जन भर पुत्र होते तो भी वे नहीं करते। आज से तुम मेरी हवेली के उत्तराधिकारी हो।"

सहदेव - "और शिवली... ?"

"तेरी पत्नी और मेरी बहू है।"

निष्ठावान

किसी भी किसान का धन खेत-खलिहान और उसके पशु हैं। प० प्यारेलाल तिवारी को भी पूर्वजों से खेती-बाड़ी ही मिली थी, हालाँकि उनके पिता गाँव के डाकघर में पोस्टमास्टर थे। खेती-बाड़ी में उनकी गंभीर रुचि थी। समय बदला तो-नई पीढ़ी को खेती से अरुचि हुई। प्यारे के दो पुत्र आकाश और प्रभात हैं। आकाश को पिता के व्यवसाय से चिढ़ थी। वह एक दिन पिता से नाराज होकर हमेशा के लिए चला गया। उस समय प्रभात पाँच-छः वर्ष का रहा होगा।

समय बदलता गया। पहले खेती करना-कराना जहाँ आसान था, वहीं अब मजदूरों के अभाव में मुश्किल, जो बात कभी बड़े भाई आकाश ने कहा था वही आज प्रभात ने भी कहा-"पिताजी। खेती उतना नहीं देती कि हम सुखी रहें, अच्छा खाएँ-पीएँ और अच्छी पढ़ाई करें। मुझे आपका दिन भर श्रम करना अच्छा नहीं लगता। क्या ऐसा नहीं हो सकता कि हम उसे बेंच कर शहर में उसी पूँजी से स्थापित हो जाएँ, घर ले लें, छोटा-मोटा व्यवसाय कर लें। आक्रोश में पिता ने पुत्र से कहा- "मैं उसे कभी नहीं छोड़ सकता। सुन लो उसी शिक्षा के लिए बड़े पुत्र को छोड़ चुका हूँ।

प्रभात हाई स्कूल और इण्टर की परीक्षा प्रथम श्रेणी से उत्तीर्ण हुआ। उसके मधुर व्यवहार और उत्तम सोच से सभी अध्यापक और विद्यार्थी बहुत चाहते थे। किसी से स्पर्धा थी तों वह थी प्रज्ञा जो उसी कक्षा कि छात्रा थी। उसके पिता राष्ट्रीयकृत बैंक में मैनेजर थे। प्रज्ञा का पालन – पोषण जहाँ सुख सुविधायों में हुआ वहीँ प्रभात का धूल-कीचड़ और मिट्टी में, वह एक होनहार

विद्यार्थी था। एक जगह ऐश्वर्य और भौतिक संसाधन तो दूसरी तरफ विशिष्ट गुण, और शील-संस्कार।

जाड़े की ऋतु थी। धरती हरियाली से सजी-संवरी थी। प्रभात का कालेज ग्रामीण क्षेत्र में सड़क के निकट था। जहाँ फूलों-फलों के उद्यान तथा पीत-सुमनों से आच्छादित खेत थे। ऐसा लगता जैसे प्रकृति शीत से ठिठुरी पीत-सुमनों को ओढ़कर विश्राम कर रही हो।

प्रज्ञा पाण्डेय का नाम कालेज के प्रतिभा सम्पन्न विद्यार्थियों में था। वह कवित्री थी, प्रायः ही कालेज में होने वाले छोटे-बड़े कार्यक्रमों में उसकी कविताएँ और गीत बरबस ही सबको प्रभावित कर लेती। गृह परीक्षा में अध्यापकों के पक्षपात के कारण वह प्रभात से अधिक अंक पा जाती किन्तु हाई स्कूल में प्रभात ने समूचे बोर्ड में द्वितीय क्रम प्राप्त किया। अखबारों में उसकी और उसके माँ-बाप की फोटो छपी।

प्रभात और प्रज्ञा एक ही कक्षा में थे, प्रज्ञा चंचल स्वभाव की थी, किन्तु प्रभात शान्त गंभीर बना रहता। उन्हीं दिनों कालेज में वार्षिकोत्सव आया तो विभिन्न प्रकार की तैयारियाँ आरम्भ हुई। एक नाटक में प्रभात को कृष्ण और प्रज्ञा को राधा का अभिनय मिला, प्रज्ञा को विश्वास था कि उसका अभिनय देखकर लोग मेरी ही प्रशंसा करेंगे। लगन और अपने श्रम से मनुष्य क्या नहीं पा लेता। मैदान और खेतों के मेढ़ों-डाँड़ों पर संवाद याद करते - करते प्रभात को अपना संवाद याद हो गया।

कालेज के रिहर्सल में उतना अच्छा न करता। उसमें सदैव राधा का अभिनय कृष्ण पर प्रभावी रहता । नाटक का दिन आया। दर्शकों की संख्या अगणनीय थी। कृष्ण के प्रदर्शन की धूम-धड़ाका होने लगी। साज-सज्जा और संवाद तो ऐसे थे जैसे साक्षात् कृष्ण ही उत्तर आए हों। प्रारम्भ से अन्त तक कृष्ण राधा पर भारी बने रहे। कृष्ण के अभिनय पर अत्यन्त पुरस्कार मिला,

यहाँ तक कि प्रज्ञा के पिता ने स्वयं दिया।

नाटक समाप्त हुआ। सहपाठियों ने प्रभात को खूब शाबाशी दी। प्रज्ञा कुछ अधिक भावुक और शर्मसार थी। स्वयं को रोक न सकी और रोने लगी।

उसकी माँ ने समझाते हुए कहा "बेटी रोना या निराश होना किसी समस्या का समाधान नहीं होता। आगे से ध्यान रखो कि संवाद कण्ठस्थ होंगे तो अच्छा अभिनय कर सकोगी। यही उसके पिता ने भी कहा। इसी अभिनय के पश्चात् प्रभात कालेज का नायक बन गया। तीन दिन पश्चात् प्रज्ञा ने प्रभात को उसके अच्छे अभिनय पर बधाई दी। यह पहला अवसर था जब दोनों एक दूसरे से बातें कर रहे थे।

प्रभात- संकोच बस तुम्हें बधाई न दे सका। तुम्हारा अभिनय अद्वितीय था। मेरे पिता जी ने तुम्हारे अभिनय की खूब प्रशंसा की ।

"प्रज्ञा- सच..! मिथ्या न बोलना।"

प्रभात- "मैं मिथ्या नहीं बोलता।"

प्रज्ञा- धन्यवाद।

इन्टर की परीक्षा के पश्चात् प्रज्ञा शहर चली गई। उसके पिताजी भी शहर की बैंक में स्थानान्तरित हो गये। कालेज का आखिरी दिन था। प्रज्ञा प्रभात को खोज रही थी। प्रायःवह पुस्तकालय में रखता, किन्तु नहीं था। हृदय में मिलन की उत्कण्ठा थी। वह उससे कहना चाहती थी कि स्नातक के लिए शहर के. एस. बी. एस. कालेज में पढ़े, हालाँकि वह जानती थी कि उसकी आर्थिक स्थिति ठीक नहीं है। यह भी बताना चाहती थी कि उसके पूरे खर्च अपने पाकेट खर्च से निबटायेगी। लम्बी प्रतीक्षा के पश्चात भी जब वह न दिखा तब वह अपने डैडी के साथ कार में जाने लगी। तभी उसने देखा कि प्रभात पैदल ही आ रहा है, शायद साइकिल की ट्यूब पंचर है।

उसने डैडी से कहा- "क्षण भर रुकिये।" वह उत्तरी और प्रभात को अभिवादन करते बोली- "आगे कहाँ पढ़ेंगे..? झेंपते हुए प्रभात बोला- यह तो समय बतायेगा।

प्रज्ञा के पिता ने कहा- "स्नातक के लिए तो शहर ही ठीक होगा।"

प्रभात- अंकल! इसे आप समझते हैं, मेरे पिताजी यही चाहते हैं गाँव के कालेज में ही पढ़ूँ।

प्रज्ञा- "उसमें बी. एस. सी. पाठ्यक्रम कहाँ है?"

प्रभात- "उनका मानना है कि बी. एस. सी. की पढ़ाई और किताबें महँगी पड़ेंगी।"

डैडी के समक्ष प्रज्ञा कुछ न कह सकी। इतना भी न कह सकी कि अगली भेंट कब होगी और कहाँ होगी? क्षण भर की मुलाकात के पश्चात् दोनों विदा हुए। यह प्रथम अवसर था जब प्रभात के हृदय में प्रज्ञा के प्रति प्रेम पल्लवित हुआ था। अपलक उस पथ को निहारता रहा, जिससे वह जा रही थी।

वह साइकिल ठीक कराकर कालेज पहुँचा। कालेज की आत्मा प्रज्ञा वहाँ से जा चुकी थी। वह जिधर जाता, लोग कहते प्रज्ञा तुम्हें ढूँढ़ रही थी, मिली की नहीं?

कालेज का आखिरी दिन...उसमें ढेर सी स्मृतियों को संजोये प्रभात सीधे उद्यान की एक नंगी बेंच पर अशान्त बैठा अतीत से वर्तमान तक सोचने लगा। चार वर्ष, साथ पढ़ने वाली किसी भी लड़की की तरफ कभी भी उसकी नजर नहीं गयी। कृष्ण के अभिनय के पश्चात् न चाहते हुए भी प्रज्ञा के प्रति उसका आकर्षण बढ़ता गया। ऐसा अनुभव हुआ कि दोनों एक दूसरे के लिए हैं जबकि यह मेरे मन की मरीजिका है, जो धरती पर रहकर आकाश की

कल्पना करने लगा हूँ।

"कहाँ वह बैंक मैनेजर की बेटी और मैं साधारण किसान का बेटा।" बादल से निकली बूँदें जब धरती पर उतरती हैं तो उनके मन में उन्हें धरती के लोगों को भयभीत करने का गर्व रहता है किन्तु धरती की उष्णता उन्हें ऐसे समाविष्ट कर लेती हैं कि उनका कोई अस्तित्व ही शेष नहीं रहता। मुझे तो लगता है आज प्रज्ञा से आखिरी मुलाकात थी वह चिन्तन में निमग्न था, कि ढूंढते हुए कुछ मित्र वहाँ पहुँचे। एक ने पूछा - 'भाई साहब उदास क्यों हो?'

अरे भाई, "इसकी राधा जो चली गयी।" सुधीर बोला।

प्रशान्त - "कहाँ चली गयी, एस.बी. एस. कालेज में पढ़ेगी क्यों नहीं उसी में कलयुगी कृष्ण भी नाम लिखा लेते। दोनों वहीं प्रारम्भ कर दें रास लीला।"

सभी हँस पड़े।

प्रभात - "तुम्हें कैसे मालूम उसी में पढ़ेगी।"

प्रशान्त - "मुझे आज ही कह रही थी, उसने कहा - अपने दोस्त प्रभात के साथ तुम भी उसी कालेज में आओ।"

प्रभात - "सचमुच।"

प्रशान्त - "हाँ...हाँ...।"

प्रभात - "चलो वहीं, उसी में पढ़ते हैं।"

प्रशान्त - "कान खोलकर सुन लो - अँगारे केवल दहकते नहीं बल्कि उनके सानिध्य में आने वाली प्रत्येक वस्तुएँ दहकने लगती हैं। मैं, तुम दोनों के प्रेम के मध्य रहना और कैरियर चौपट करना नहीं चाहता।"

प्रभात - "जिसे जो बनना या जितनी ऊँचाई तक पहुँचना है वह

पहुँचता है। प्रेम उत्साह है, शक्ति है, प्रेरणा और अलौकिक सुख है। लेकिन उसमें अलौकिक सात्विकता और आत्म-संयम अनिवार्य है"

जब नदी वहती है तो नहीं सोचती कि प्रवाह के मध्य अवरोधक वृक्ष छोड़ दें, क्योंकि वह फलदायक वृक्ष लोगों को सुख देता है। नदी अपनी सहजता और गुण के कारण उसे भी बहा ले जाती है।"

प्रभात - मित्र ! मानव और नदी के गुण धर्म में बहुत अन्तर है। वह जितनी प्रवाहशील चंचल और हठी होती है मानव उतना ही गंभीर, नदी का स्वयं का कोई विवेक नहीं होता जबकि मानव का अपने हित-अहित हानि-लाभ का सदैव बोध रहता है।

*****

महेश - प्रभात के तर्क में वजन है, उसे कोई नहीं पा सकता। उसके दोनों मित्र घर चले गये और पुनः प्रभात अतीत में खो गया।

शाम का समय था, जानवरों की सेवा के पश्चात पं० प्यारेलाल जी अपने कक्ष में बैठे थे। तीक्ष्ण गर्मी से वातावरण का तापमान बढ़ गया था। माँ उनके लिए चाय भरी गिलास लायी। वे चुस्कियाँ ले रहे थे कि तभी मैं भी वहाँ पहुँचा। उन्होंने पूछा – "आज से तो कालेज बन्द हो गया होगा"

"जी पिता जी, मैंने सविनय कहा।"

बी.ए. करना हो तो भवानीपुर नया कालेज खुला है। राणा प्रताप सिंह से कहकर फीस कम करा लूँगा।

प्रभात - "कुछ कहूँ पिताजी ?"

हाँ...हाँ, कहो।

मैं बी०एस०सी० करना चाहता हूँ। जो भवानीपुर में नहीं है। उसके

लिए शहर जाना होगा। अब आप मेरे पढ़ाई के लिए निश्चिन्त रहें। छोटी कक्षा के बच्चों को पढ़ाकर पढ़ लूँगा और आप पर बोझ भी न पड़ेगा।

ऐसा क्यों नहीं कहते शहर जाओगे। हाँ...हाँ अब तुम्हें पंख उग आये हैं। अपने बड़े भाई की तरह हम दोनों को छोड़ना चाहते हो, रोती कलपती माँ ने कहा।"

सब एक समान नहीं "होते, तीन वर्ष की बात है वैसे तो आना – जाना लगा ही रहेगा। आपकी क्या राय है ..?"

प्यारेलाल - "मेरी जो राय थी कह दिया। तुम्हें क्या करना है तुम जानो। आज के बेटे माँ - बाप का सुनते ही कहाँ हैं। वह भी दिन था जब बापू के समक्ष आँख मिलाने की हिम्मत न होती।"

ठीक है पिताजी, मैं वहीँ पढ़ूँगा जहाँ आप चाहते हैं। मैं चिन्तित मन चला आया। मैं नहीं चाहता कि बड़े भैया की तरह माँ-बाप को छोड़कर चला जाऊँ। आँखे भर आयी और मन पर प्रज्ञा का तेजस्वी रूप तिरने लगा। चिन्तन में डूबा सो गया। स्वप्न में डूब गया तभी प्रज्ञा का मोहनी रूप मन-मानस पर उतर आया था। एस.वी.एस कालेज की वार्षिक परीक्षा में मैने सर्वाधिक अंक प्राप्त किये, प्रज्ञा अपनी सहेलियों को मेरा चित्र जो अखबार में छपा दिखाते न थकती। बात ही बात में मुझसे कहा- "मैं आप को आत्मदेव बना बना चुकी हूँ आपसे विवाह न हुआ तो कभी न करूँगी। स्वप्न भंग हुआ माँ ने भोजन के लिए जगाया।

*****

स्नातक में प्रवेश तो ले लिया लेकिन रुचि के अनुरुप पढ़ाई नहीं हो पा रही थी। कक्षा में लाग-डाट न हो तो मजा नहीं आता। पढ़ाई के छः माह व्यतीत हुए होंगे। कालेज के पते पर प्रज्ञा का पत्र आया। उसने लिखा था- मुझे ज्ञात हो

चुका है, आप माता-पिता की आज्ञा को सर्वोपरि समझ वहीं पढ़ने लगे... यह निर्णय बहुत अच्छा लगा। यह बताना चाहती हूँ कि तीन दिसम्बर को कालेज में "भ्रूण-हत्या" विषय पर सेमीनार है। मेरी इच्छा है आप इसमें अवश्य भाग लें। वैसे कालेज में फार्म भेज रही हूँ। जिसे भरकर कालेज की तरफ से भेजना है।

पत्र को मैने कई बार पढ़ा, आत्मा आह्लाद के ज्वार में गोते लगाने लगी थी। ह्रदय में ऊर्जा और शक्ति पुन्ज का उत्स फूट पड़ा। कुछ भी हो मैं इस व्याख्यान में अवश्य भाग लूँगा।

सेमीनार में जाने की अनुमति प्रधानाचार्य ने दी। कॉलेज से फॉर्म भेजा गया। धीरे-धीरे तीन दिसंबर भी आ धमका मैं प्रज्ञा कि यादों को सहेजे शहर गया। कार्यक्रम आरंभ हुआ, दूर और समीप से आए सभी वक्ताओं ने विचार और सुझाव दिए। प्रधानाचार्य ही कार्यक्रम के संचालक थे। उन्होंने अंतिम वक्ता की प्रशंसा में पुल बांधते हुए कहा - सब में उन्हें बुलाने जा रहा हूँ, जिनकी वाणी में साक्षात् सरस्वती बसती हैं। अकाट्य तर्कों के माध्यम से प्रभात ने अन्य वक्ताओं के तर्कों को तुच्छ और सारहीन कर दिया। उन्होंने ग्रामीणों और वहाँ उपस्थित लोगों से यह प्रश्न कर दिया - "आप ही बताइए लड़कियाँ किस दिशा में पुरुषों से पीछे हैं, यदि ऐसा है तो 'भ्रूण हत्या' क्यों...? उन्हें आप क्यों पराया धन समझते हैं। आप नहीं सुधरे तो वह दिन दूर नहीं, लड़के बाप का घर त्यागकर लड़की के यहाँ रहने लगेंगे। तालियों से वातावरण गूँज उठा।

पुरस्कार वितरण के पश्चात प्राचार्य ने प्रभात को अपने कक्ष में बुलाया।

प्राचार्य - "प्रभात! निःसंदेह तुम अच्छे वक्ता हो। किस कॉलेज से आए हो?"

प्रभात - "महाराणा महाविद्यालय, भवानीपुर।"

भवानीपुर....! आश्चर्य से प्राचार्य ने पूछा।

प्रभात - "जी, आप जानते हैं?"

कुछ खास नहीं, गाँव और तुम्हारे पिता का क्या नाम है?

प्रभात - "गाँव का नाम - चन्दनपुर और पिता का नाम प्यारे लाल तिवारी है। वे किसान हैं।"

सहसा प्रभात की दृष्टि प्राचार्य के मुख पर पड़ी जो गंभीर और असहज भाव प्रकट कर रही थी।

प्रभात बोला - "सर, आपका हृदय निःसंदेह सरस, कोमल और भावुक है। लोग ग्रामीणों और उनकी गरीबी का मज़ाक उड़ाते हैं, किन्तु आप...."

प्रभात, तुम चाहो तो इस विद्यालय में निःशुल्क पढ़ सकते हो, उपर से दो हज़ार मासिक खर्च भी मिलेगा।

यह संभव नहीं है सर। क्या करूँ? पिताजी शहर भेजने को राजी नहीं होते। लाख प्रयास पर तो इस प्रतियोगिता में आने दिए।

तुम ग्रेजुएशन कर रहे हो, तुम्हें अपने कैरियर को स्वयं सोचना होगा।

प्रभात - " बात तो सही है, किन्तु पिताजी के समक्ष कैरियर भूल जाता है।"

प्राचार्य - "क्यों खेती से तुम्हारा रहन-सहन, पठन-पाठन, खानपान उत्तम हो सकता है?"

प्रभात - नहीं सर, पिता जी सदैव अभाव में ही रहते हैं। फसल भी देवाधीन होती है, कभी अच्छी वर्षा का अभाव हो कभी ओलावृष्टि, कोहरा आदि के कारण खेती कहाँ होती है। पिताजी का अथक परिश्रम मुझसे नहीं

देखा जाता, एक बार मैं उनसे कहा भी कि इन खेतों को बेचकर शहर चलिए तो उनकी आँखें क्रोध से लाल हो गई। उन्होंने मुझे ऐसा थप्पड़ मारा जिसे भूल नहीं सकता। बाद में वे भावुक हो उठे। माँ ने मुझे समझाया - तेरे पिता को धरती माता का अपमान सहन नहीं है। ठीक तुम्हारी ही तरह तेरा भाई बोला था किन्तु उन्होंने पुत्र को संतोष करना उचित समझा लेकिन खेतों का बेचना नहीं। इतना कह माँ रोने लगी, शायद उन्हें बड़े भैया का स्मरण हो गया हो।

प्राचार्य - "आखिर उन्हें खेतों से इतना लगाव क्यों है? जिन्हें वे पुत्र से भी श्रेष्ठ समझते हैं?"

प्रभात - इस संदर्भ में उनका कहना है खेतों के मेड़ों, बाग-बगीचों और पगडण्डियों पर मुझे पूर्वजों के चरणों के चिन्ह दिखाई देते हैं। वर्ष में दो बार पूर्वजों की आत्माएँ खेतों को देखने आती हैं।

प्राचार्य - "फिर तो तुम्हें भी विरासत में मिले खेत, खलिहानों को संजोना, संभालना होगा।"

प्रभात - ठीक कहते हैं सर, मेरे लिए गाँव का कॉलेज ठीक है। वहाँ पढ़ते हुए अपने माँ-बाप और खेती की हालत को तो देखता रहूँगा बड़े भैया की भाँति स्वार्थी बनना नहीं चाहता हूँ। उन्हें शहर भेजकर वहाँ का खर्च वहन करना, साधारण कार्य न था। एक लड़की के कारण माँ-बाप को छोड़ दिए।

प्राचार्य - "लड़की"

सर! किसी लड़की से उन्हें प्रेम था।

प्राचार्य - "प्रेम होना कोई बुरा नहीं, लेकिन माँ-बाप को क्यों छोड़ दिए?"

सर! लड़की गाँव रहना नहीं चाहती थी। बापू शहर, खेती-बाड़ी बेचकर शहर रहने का प्रस्ताव पिता जी ने नहीं माना। स्वाभिमान बना बैठे

और भाई साहब सदा के लिए घर छोड़ दिए।

प्राचार्य - 'तुम अपने भाई को पहचान लोगे...?'

प्रभात - 'जी नहीं' जब वे गये तो मैं छः वर्ष का था और उन्हें गये हुए भी आठ वर्ष से अधिक ही हो गया। इतना कहते उसकी आँखें सजल हो गयीं। भाई की याद मन पर उतर आयी थी।

प्राचार्य- "माँ कभी याद करती है?"

प्रभात-सर ! "माँ तो बात-बात पर रोती कलपती है, बापू को भी उलाहना देती हैं कि तुम्हारे ही कारण मेरा बेटा चला गया।"

प्राचार्य- "बापू भी कुछ कहते हैं।"

प्रभात- "वे कहते हैं, जीवन में कोई मिलता है तो कोई छूटता है, नसीब से अधिक किसी को क्या मिलता है।"

प्राचार्य - "प्रज्ञा तुम्हारी बहुत तारीफ करती है।"

"जी सर, हम दोनों चार-साल साथ पड़े हैं। कृष्ण और राधा का अभिनय भी दोनों ने किया था।"

प्राचार्य - "यहाँ भी कर सकते हो?"

प्रभात - "पिताजी की अनुमति के बिना नहीं। सर, मैं चलता हूँ।"

"आज रुक कर चले जाना।"

नहीं सर आप मेरे बापू को नहीं जानते। फौज का नियम भी उनके समक्ष कमजोर पड़ जायेगा। उन्होंने पूछा था कितना समय लगेगा मैने आज शाम तक पहुँचने को कह दिया है। आपसे बातें करने से ऐसा सुख मिला जैसे अपने बड़े भाई से बातें कर रहा हूँ। वे भी आपके ही उम्र के हैं। मुझे भी तुम्हारी पितृ-भक्ति बहुत प्रसन्न आयी। काश! तुम जैसे ईमानदार, पितृ, भक्त, अन्य भी

हो जायें तो देश आदर्श और निष्ठावान हो जायेगा। मैं कुछ पूछना चाहता हूँ जबकि मुझे नहीं कहना चाहिए।"

प्रभात - "सर ! आप जो भी पूछेंगे यथार्थ उत्तर दूँगा।"

प्राचार्य- "देखो प्रभात, तीन चीजें छिपाये नहीं छिपती वे क्या हैं? जानते हो।"

जब प्रभात मौन रहा तो प्राचार्य ने कहा - "खांसी, खुशी और प्रेम।"

प्रभात- "समझा नहीं।"

प्राचार्य-"प्रज्ञा का समर्पण तुम्हारे ऊपर अधिक है, कहीं ऐसा तो नहीं कि तुम भी अपने बड़े भाई के राह पर चल पड़े हो? मतलब प्रज्ञा के पिता कहेंगे कि तुम शहर रहोगे तभी शादी होगी, उस स्थिति में तुम प्रज्ञा को देखोगे या बापू को?"

प्रभात - "माँ जी और बापू मेरे आदर्श हैं, मैं उनके निमित्त हजारों प्रज्ञा का निसंकोच त्याग कर दूँगा। हालाँकि इस विषय पर प्रज्ञा से बात हो चुकी है प्रज्ञा ने कहा है। यदि मेरे पिता हठ करेंगे तो उन्हें छोड़कर तुम्हारे पास आ जाऊँगी।"

प्राचार्य- "तुम दोनों का कैरियर...?"

प्रभात- "मेरा सबकुछ उन्हीं से है। हम दोनों में से कोई न कोई उनकी सेवा में रहेगा ही।"अपने निजी सुख और स्वार्थ के निमित्त देवता सदृश्य माता-पिता को नहीं छोड़ सकता

प्राचार्य – "धन्य हो प्रभात, ईश्वर तुम्हें शक्ति साहस और सफलता दे। मेरा यह आवास तुम्हारे लिए खुला है। शहर जब भी आओ मेरे पास रहना, उन्होंने पांच सौ का नोट देते कहा- "यह तुच्छ भेंट है। इनकार कर मेरा हृदय न दुखाना।"

नहीं' सर ! मुझे मजबूर न करें। मेरे बापू ने कहा है बिना श्रम किये किसी से एक भी पैसा ग्रहण करना पाप है। वह प्राचार्य के पाँव छुआ।

प्राचार्य - "ठीक है, प्रभात ! ईश्वर तुम्हें सुखी रखे।

कालेज के समीप रेलवे स्टेशन था। जहाँ से गाड़ी पकड़ उसे घर जाना था। बाहर प्रज्ञा खड़ी प्रभात का इन्तजार कर रही थी। वह प्रभात से बोली- मेरे यहाँ नहीं चलोगे ?"

उसने मुस्कराते हुए कहा - जिससे मिलना था वह तो मिला। वहाँ मुझे कौन पहचानेगा।

प्रज्ञा - "कृष्ण भगवान हो, भला तुम्हें पहचान की क्या आवश्यकता है। दोनों हँस पड़े,प्रज्ञा ने कहा-क्या ऐसा संभव नहीं कि इसी कालेज में पढ़ो ?"

'तो क्या कृष्ण के जादू ने राधा को सम्मोहित कर लिया है ?" प्रभात ने पूँछा। प्रज्ञा की बृहत सुधर आँखें उसे देखती रही... अन्तःकरण में विछोह के उत्स फूट रहे थे, वह मूक सी बस देखती रही। मौन भंग करते प्रभात ने कहा- " अभी हमें अपने कैरियर के प्रति सोचना चाहिए। दूरी मन की होती है, हम मन से दूर नहीं हैं। अच्छे अंको से स्नातक उत्तीर्ण करना है। तुम बी. एस. सी. कर रही हो, इसलिए अधिक श्रम करना है। चार पंक्तियों की कविता सुनाकर मुझे विदा करो।

"आशा से मन डोर बाँधकर जी लूँगी
दर्दीले नग्मो से जीवन सी लूँगी।
जब-जब छाओगे प्रीति-घटा बन साजन
स्मृतियों का अम्बु निलय से पी लूँगी ॥१॥

बोझिल नयन प्रज्ञा ने पूछा- "फिर कब मिलोगे ?"

प्रभात - समय बतायेगा। प्रभात जाने लगा, प्रज्ञा अतृप्त नयन निहारती रही। शायद प्रेम मन और आत्मा की असहज दशा है जिसका मूल्याँकन प्रबुद्ध से प्रबुद्ध चिन्तक या व्याख्याता नहीं कर सके।

अपने आवास की बालकनी से प्रिंसिपल साहब ने दो प्रेमियों के मिलन की उत्कण्ठा और विछोह की नियति को छुप कर देखा। न जाने क्यों प्रभात के प्रति उनके हृदय में अथाह स्नेह उमड़ पड़ा था और अगणित बार मन उससे गले मिलने हेतु व्यग्र था।

समय गुजरता गया। अब दोनों ही स्नातक परीक्षा उत्तीर्ण कर चुके थे। मोबाइल का युग नहीं था। प्रज्ञा के घर ग्रामोफोन की घंटी बजी संयोग से उसकी मां ने उठाया।

जी मैं प्रभात बोल रहा हूँ। प्रणाम! कहो बेटा, कैसे हो? जी अच्छा हूँ। आप शायद, यही पूछोगे न कि कैसे पहचान लिया...? कौन नहीं पहचानेगा कृष्ण को अरे अभी कल के अखबार और दूरदर्शन पर तेरी फोटो छपी थी, तूने कला वर्ग से युनिवर्सिटी भर में सर्वाधिक अंक पाया। बधाई देने के लिए प्रज्ञा परेशान थी, अरे प्रज्ञा !!

देखो किसका फोन है? वह दौड़ी आयी।"

प्रज्ञा ने पूछा - "आगे क्या करोगे?"

प्रभात - "घर रहकर ही सिविल की तैयारी करूँगा।

प्रज्ञा - "सिविल की तैयारी और घर से।"

प्रभात - "तुम तो जानती हो पिता जी नहीं चाहते शहर जाऊँ। वे डरते हैं कि कहीं बड़े भैया की तरह मैं भी उनसे दूर हो जाऊँगा तो उन्हें कौन संभालेगा ?"

प्रज्ञा - "उन्हें विश्वास में नहीं ले सकते कि उन जैसा मैं नहीं हो सकता।'

प्रभात - "सब कह चुका हूँ। जब ईश्वर को यही मंजूर है तो क्या करूँ"

एम.ए. प्राइवेट फार्म भरकर, वह सिविल की तैयारी करने लगा। इस प्रकार देखते ही देखते दो वर्ष बीत गये, वह एम.ए. में गणित विषय में पुनः सर्वाधिक अंक पाया।"

बी.एस.सी-करते ही प्रज्ञा के पिता को उसके विवाह की चिन्ता हुई। वे बड़े से बड़े परिवार में शादी देख रहे थे। एक दिन उसके पिता ने पूछा- बेटी ! स्टेट बैंक के प्रवन्धक बीके शुक्ला का बेटा भी इलाहाबाद बैंक में हो चुका है। मैं चाहता है उसी से तेरी शादी कर दूँ।

प्रज्ञा कुछ न बोली, तत्क्षण बात संभालते उसकी मां ने कहा - 'वह तो प्रभात से विवाह करना चाहती है।

"कौन..... वह किसान का छोकड़ा। वाणी में उद्वेग था।"

हाँ.., हाँ, उनकी पत्नी सरला ने कहा।

इसका तो दिमांग फिर गया है, बेरोजगार ऊपर से गंवई लड़के से विवाह कर गांव में उपले पीटना चाहती है।

प्रज्ञा - 'लेकिन पिताजी माँगने न आऊँगी।'

चन्द्रदेव - "संस्कार हीन लड़की बाप से प्रश्नोत्तर करते शर्म नहीं आती।

प्रज्ञा - "मुझे अपने उचित-अनुचित का निर्णय लेने का अधिकार है।

चन्द्रदेव - तो मेरा भी फैसला सुन लो। प्रभात से कहो कोई नौकरी कर ले तब मुझे दोनों का विवाह करने में आपत्ति नहीं। गंभीरता से सोचो बेटी, किससे और किसके यहां शादी कर रहा हूँ। मेरा अपना भी कोई स्तर है, नजाने कितने छोटे-बड़े अधिकारी आयेंगे, सबसे क्या बताऊँगा, इतना कह चन्द्रदेव

चले गये ।

प्रज्ञा दिन भर मायूस बनी रही, उसे कुछ न सूझ रहा था, वह प्रभात से बात करें तो कैसे करे। रातभर नींद न आयी, एक ही प्रश्न कि प्रभात से कैसे और कहाँ मिले । तत्क्षण प्राचार्य जी का स्मरण हुआ। निश्चित ही वे कोई विकल्प सोचेंगे। दूसरे दिन उनसे मिली । उन्होंने आश्वासन दिया – "प्रभात तुमसे मिलेगा और शादी भी तुमसे होगी । उसे भरोसा हुआ और प्राचार्य ने कल इसी समय बुलाया । उन्होंने अपने चपरासी से प्रभात को बुलवाया । अगले दिन प्रज्ञा आयी तो प्रभात उससे पहले वहां था । प्रज्ञा ने पिता की शर्ते बता दी ।

प्रभात बोला - प्रज्ञा ! तुम पिता जी के कथनानुसार विवाह कर लो, मेरे साथ तू सुखी न रह सकोगी। मेरे पाँव में माँ-बाप की सेवा-शुश्रुषा की जंजीर बंधी है। शहर में इतनी अच्छी नौकरी मिलने से रही कि तुम्हें भी साथ रख सकूँ। मैं निजी स्वार्थ में पड़कर तुम्हारा जीवन वर्वाद करना नहीं चाहता।

प्रज्ञा की आँखें अश्रुपूरित थी, उसने सिसिकियाँ लेते कहा- "मुझे तो वह जंगल भी स्वर्ग सा लगेगा जहाँ आप रहेंगे। यहाँ तो मेरे पिताजी जी कहते हैं कि, शादी में बड़े-बड़े अधिकारी और सम्मानित लोग आयेंगे पूछेंगे तो क्या उत्तर दूँगा कि कहाँ शादी कर रहा हूँ. तुम कोई नौकरी क्यों नहीं कर लेते ?

प्रभात - "नौकरी इतनी आसान नहीं है।"

प्रज्ञा- सम्भवत: रविवार को पिताजी आपके यहाँ जायेंगे। प्रभात (गहरी श्वाँस छोड़ते हुए) शहर का नाम लेते ही पिता जी को क्रोध न आ जाय । आखिर उन्हें मेरे यहाँ क्यों भेजोगी?

प्राचार्य "प्रभात! नौकरी तो तुम्हें मैं दिलवा दूँगा। तुम केवल पिताजी से

अनुमति लेकर आओ । साथ ही बता देना। नौकरी के पश्चात ही मेरी शादी होगी। नौकरी के लिए बापू यही कहते हैं कि अधिकारी की मिले तो करना नहीं तो ये खेती कुछ बुरी नहीं। प्राचार्य उनसे कहने में क्या बुराई है कि अधिकारी की नौकरी करने जा रहा हूँ। प्रभात -" (ऑखे भर आयी थी) नहीं सर ! मुझसे यह न होगा। मैं बापू से झूठ नहीं बोल सकता ।

प्रज्ञा - "मेरे लिए भी नहीं"

'किसी के लिए नहीं। प्रभात ने कहा ।'

प्राचार्य - "मैंने तो पढ़ा था के संसार में प्रेम से बड़ा कुछ नहीं होता है।"

प्रभात- "सत्य है, मेरे विचार से संसार में माता-पिता से श्रेष्ठ ईश्वर भी नहीं हैं ।

सिसकते हुए प्रज्ञा बोली- तो जाओ, श्रेष्ठ माँ - बाप की आरती उतारो। वह वहाँ से चली गयी। उसके जाने के बाद प्राचार्य ने कहा- प्रभात! तुम प्रभा से विवाह करना चाहते हो? वह चुप रहा, पुनः उन्होंने कहा- शर्माने का समय नहीं है। मैं तुम्हारे मुख से सुनना चाहता हूँ।

चाहता तो हूँ, किन्तु बापू की संस्तुति के पश्चात्। प्रभात बोला।

प्रज्ञा सीधे घर पहुँची । वह अपने कक्ष का द्वार बन्द कर रोने लगी। तभी रोते हुए बड़बड़ाई उसके हृदय में मेरे प्रति तनिक भी समर्पण नहीं। जो कुछ है उसका बाप है। आज मैं भी अपने डेडी से कह दूँगी कि जहाँ चाहे ब्याह दें ।

रात के नौ बजे चन्द्र देव घर आये। उन्हें ज्ञात हुआ कि प्रज्ञा शाम से ही अपने कक्ष से बाहर नहीं निकली है। उन्होंने दरवाजा खुलवाया। वह डेडी को पकड़ रोने लगी। उन्होंने समझाते हुए पूछा- "क्या बात है बेटी?"

उसने प्रभात के सम्पूर्ण वार्तालाप कह सुनाये। उसके डेडी ने कहा- निसंदेह प्रभात उत्तम सोच और अच्छे आचरण का लड़का है। उसने जो कुछ

कहा है बिलकुल सच कहा है। ऐसी थी भारतीय संस्कृति। आज के लड़के संस्कार एवं दिशाहीन हैं, उन्हें क्लब और हाय हलो चाहिए। निश्चित ही प्रभात में एक उत्तम आत्मा बसती है। बेटी ! मैं चाहता हूँ कि तुम्हारी शादी उसी के साथ हो।''

लेकिन डैडी, वह एक किसान का बेटा है, आपकी बेटी की आवश्यकता पूर्ण कर सकेगा? आपने ही तो कहा था कि आज का समाज उसके बाप की हैसियत पूछेंगा तो?

"वह भी कम नहीं होगी।" बैठक से आवाज आयी।

कौन? उसके पिता ने पूछा।

'प्राचार्य आकाश तिवारी।'

प्रज्ञा दौड़ी आयी, अरे सर आप।! आपने तो हमें अचरज में डाल दिया। आपके आगमन और बड़प्पन से हम धन्य हुए।

जैसे उन्हें कोई निधि मिल गयी हो, सभी आवभगत में दौड़ने लगे।

पाण्डेय जी ने कहा-'आपके व्यक्तित्व की सब ओर प्रशंसा है। हाथ जोड़ते हुए उन्होंने कहा - प्रशंसा व्यक्ति की नहीं उसके गुणो की होती है। अभी मैंने सुना प्रभात के गुणों का वर्णन आप कर रहे थे। अच्छा लगा। उसकी सोच और व्यक्तित्व महान है।

प्रज्ञा – "सर ! आप भी उसकी प्रशंसा कर रहे हैं ?"

प्राचार्य - 'सत्य तो सत्य ही रहेगा।' पारस की कीमत कम किसी भी दशा में नहीं होती।

प्रज्ञा - "आपके कहने पर भी वह अपने बापू से झूठ नहीं बोल सकता।"

प्राचार्य - "जो अपने विचारों पर दृढ़ रहते हैं उनका सहयोग हमेशा ईश्वर करता है। प्रज्ञा-"सर! मेरी सहेलियाँ और डैडी के दोस्त पूंछेंगे कि प्रभात क्या करता है और उसके पिता की क्या हैसियत है तो क्या कहूँगी ?

प्राचार्य - यहीं बताने तो आया हूँ, कहना-लड़का आई.ए. एस. है और उसका अभागा बड़ा भाई एस. वी. एस कालेज का प्राचार्य और पिता..... किसान...।

सविस्मय सभी बोले – "आई.ए. एस. ! और आप उनके बड़े भाई...! एक साथ इतनी खुशियाँ...। तभी फोन की घंटी बजी प्रज्ञा ने ही उठाया - प्रज्ञा ! बापू से नौकरी के लिए झूठ नहीं बोलना पड़ेगा । तुम्हारी और प्राचार्य जी की प्रेरणा- शक्ति ने मुझे आई०ए० एस बना दिया ।"

प्रज्ञा ..... एक खुश खबरी और सुनो एस बी एस कालेज के प्राचार्य डॉ० आकाश तिवारी ही तुम्हारे, बड़े भाई हैं। प्रभात-सच ! बापू और माँ इतनी ढेर सारी खुशियाँ कैसे सह सकेंगे ? इतना कह दोनों भाई रोने लगे। उसी रात सभी चंदन पुर पहुँचे । अपने बड़े बेटे को गले लगा बापू ऐसे रो रहे थे जैसे लक्ष्मण शक्ति के समय राम रोये थे । पाण्डेय जी ने कहा- पिता-पिता होता है वह ऊपर से भले सक्त हो किन्तु भीतर उसका हृदय नारियल सा कोमल होता है। भरा पूरा परिवार देख सभी हर्षित थे । पिता ने अपने निष्ठावान पुत्र को हृदय से लगाते हुए कहा –"बेटा वही है जो अपने पिता को संतुष्ट कर सके ।

www.ingramcontent.com/pod-product-compliance
Lightning Source LLC
LaVergne TN
LVHW050856051026
849532LV00006BA/2267
* 9 7 8 9 3 6 4 3 1 8 8 1 5 *